Das Fränkische Heer der Merowingerzeit

Franken, Alamannen, Burgunden, Thüringer und Bajuwaren
5.-8. Jahrhundert n. Chr.

Teil 3: Beilwaffen, Sax, Stangen- und Bogenwaffen

ZEUGHAUS VERLAG GmbH

„Do lettun aerist askin scritan.
scarpen scurim. dat in dem sciltim stont.
do stoptun to samane."

„Da ließen sie erstlich Eschlanzen laufen.
In scharfen Schauern. Die standen im Schild fest.
Dann stapften sie zusammen."

Aus dem Hildebrandslied, Kasseler Handschrift, 8. Jahrhundert:
(Zweikampf zwischen Hildebrand und Hadubrand)

Allen Personen und Institutionen, die bei der Realisierung dieses Projekts mitgeholfen haben, sei an dieser Stelle herzlich gedankt. Besonders möchte ich in diesem Zusammenhang die Archäologische Bibliothek der Staatlichen Museen zu Berlin und deren Mitarbeiter erwähnen. Mein Dank geht auch an das Museum für Vor- und Frühgeschichte Berlin, speziell Frau Dr. Bertram (Stellvertretende Direktorin), Herrn Junker (Archivleiter), Frau Schicker (Archiv und Sammlungsdokumentation) und Frau Rösike (Sekretariat) sowie Frau Hoffmann (W. A. Ref. Steinzeiten / Leihverkehr / Magazin) für deren freundliche Unterstützung. Selbstverständlich bin ich wieder Herrn Andreas Gagelmann zu aufrichtigem Dank verpflichtet für seine wie immer hervorragenden Illustrationen und sonstige hilfreiche Zusammenarbeit. Zudem sei auch Herrn Sascha Lunyakov gedankt, der diesmal einen Großteil der Textzeichnungen beigesteuert hat. Ebenso bedanke ich mich herzlich bei Frau Christiane Gagelmann für das Korrektorat des Textes.

Andreas Strassmeir

Autor : Andreas Strassmeir
Zeichnungen: Andreas Gagelmann & Sascha Lunyakov

Layout: Stefan Müller

Herausgeber: Zeughaus Verlag GmbH
Knesebeckstr. 88
10623 Berlin

Telefon: 030/315 700 30
Fax: 030/315 700 77
Email: info@zeughausverlag.de
Internet: www.zeughausverlag.de

Printed in European Union

Bibliografische Informationen der Deutschen Bibliothek
Die Deutsche Bibliothek verzeichnet diese Publikation in der Deutschen Nationalbibliografie; detaillierte bibliografische Daten sind im Internet über http://dnb.ddb.de abrufbar.

ISBN: 978-3-938447-76-5

Titelbild:
Alamannischer Gefolgsmann und Dame,
spätes 7. Jahrhundert n. Chr.

INHALT

Zeittafel (630-700 n. Chr.) **4**

Einleitung **5**

Waffen

Sax **8**
- Klinge 10
- Griff 11
- Scheide 14
- Entwicklung 17

Streit- und Wurfaxt **25**
- Streitaxt 25
- Wurfaxt / Franziska 30
- Fazit 32

Lanze und Speer **33**
- Lanzen 36
- Prunk- und Fahnenlanzen 46
- Wurfspeere 50
- Fazit 58

Pfeil und Bogen **60**
- Bögen 61
- Pfeile 68
- Köcher 72
- Fazit 73

Literaturverzeichnis **76**

Zeittafel 630-700 n. Chr.

629	König Dagobert folgt seinem Vater als Alleinherrscher über das Fränkische Reich nach.
631	Erfolgloser Feldzug Dagoberts gegen das Slawenreich des Samo: Das austrasische Reichsheer erleidet bei Wogastisburg gegen die Slawen eine schwere Niederlage.
632/633	Dagobert ernennt Radulf zum Herzog von Thüringen, der die östliche Reichsgrenze erfolgreich gegen die benachbarten Slawenstämme sichert.
639	Tod König Dagoberts und Aufteilung des Frankenreiches unter seinen noch unmündigen Söhnen Sigibert III. (Austrasien) und Chlodwig II. (Neustroburgund).
640	Tod des austrasischen Hausmeiers Pippin des Älteren.
641	Austrasien: Feldzug unter König Sigibert und Herzog Adalgisel gegen den Thüringerherzog Radulf; erfolglose Belagerung und missglückte Erstürmung der Radulfsburg an der Unstrut. Neustrien: Erchinoald tritt nach dem Tode des neustrischen Hausmeiers Aega dessen Amtsnachfolge an.
642	Austrasien: Pippins Sohn Grimoald lässt seinen Rivalen Otto, den amtierenden Hausmeier von Austrasien, durch den alamannischen Stammesherzog Leuthari ermorden. Neustrien/Burgund: Sieg Flaochads, des neueingesetzten Hausmeiers von Burgund, über den burgundischen *patricius* Willebad und dessen Verbündete bei Autun; Tod Willebads, Flaochad stirb nur 11 Tage später durch Krankheit.
643	Grimoald wird Hausmeier von Austrasien.
646-650	Grimoald überredet den bislang kinderlosen König Sigibert dazu, seinen eigenen Sohn unter dem Merowingernamen „Childebertus adoptivus" zu adoptieren.
650-655	Königin Chimnechilde gebärt Sigibert einen Sohn: Dagobert II.
650-656	Königin Balthild gebärt Chlodwig nacheinander drei Söhne: Chlothar III., Childerich II. und Theuderich III.
656	Tod Sigiberts; Grimoald lässt das Königskind Dagobert nach Irland in die Verbannung schicken und seinen eigenen Sohn Childebertus zum König von Austrasien erheben.
657	Tod Chlodwigs II., Nachfolge seines ältesten Sohnes Chlothar III. als König von Neustrien.
657/658	Tod Erchinoalds, Ebroin wird Hausmeier des neustroburgundischen Teilreiches.
um 660	Nach dem Zusammenbruch des Samoreiches dringen die Awaren zur bayerischen Ostgrenze vor.
661	Tod König Childebertus' von Austrasien; Chlothar III. wird kurzfristig König des Gesamtreiches.
662	Verhaftung und Hinrichtung Grimoalds in Paris; Erhebung von Chlothars 7-jährigem Bruder Childerich II. zum König von Austrasien.
um 665	König Chlothar erreicht das Mündigkeitsalter, seine Mutter Königin Balthild zieht sich ins Kloster zurück, ihr ehemaliger Mitregent Ebroin beherrscht den jungen König und wird zum mächtigsten Mann in Neustrien.
673	Tod König Chlothars III.; Ebroin versucht vergeblich Chlothars jüngsten Bruder Theuderich III. als dessen Nachfolger zu proklamieren um sein Hausmeieramt zu retten. Stattdessen wird Childerich II. von Austrasien auch zum König von Neustroburgund erhoben und ist damit Alleinherrscher. Theuderich und Ebroin werden ins Kloster geschickt.
675	König Childerich und seine Familie fallen einem Mordkomplott zum Opfer. Nur sein jüngster Sohn überlebt und wird unter dem Namen „Daniel" in ein Kloster eingewiesen. Austrasien: Der aus dem irischen Exil zurückgeholte Sohn Sigiberts, Dagobert II., wird zum König erhoben. Neustrien/Burgund: Die Gruppe um den ehemaligen Hausmeier Ebroin erhebt Theuderich III. auf den Thron.
675-677	Grenzkrieg zwischen Austrasien und Neustrien; Ebroin entledigt sich seiner Rivalen und reißt die Macht in Neustroburgund an sich.
679	Ermordung Königs Dagoberts II.; Aufstieg König Theuderichs III. von Neustrien und Burgund zum fränkischen Alleinherrscher. Sein Hausmeier Ebroin wird zum Machthaber über das gesamte Reich.
um 679	Schlacht bei Laon: Ebroin siegt über die austrasischen Herzöge Pippin den Mittleren und Martin.
680/681	Der Tyrann Ebroin wird von einem Rivalen erschlagen.
681	Ebroins Nachfolger Waratto schließt Frieden mit Pippin.
683	Anerkennung Pippins als Herzog von Austrasien durch Waratto.
686	Tod Warattos; sein Schwiegersohn Berchar wird neuer Hausmeier.
687	Schlacht bei Tertry: Sieg Pippins des Mittleren über die Neustrier unter Berchar und König Theuderich.
688/689	Tod Berchars; Pippin übernimmt das zentrale Hausmeieramt und damit die Regierung im Gesamtreich. Auflehnung des Alamannischen Stammesherzogs Gotfried und anderer Fürsten gegen die Herrschafft des fränkischen Hausmeiers.
690	Tod Theuderichs III., Thronfolge seines Sohnes Chlodwig III.
um 690/700	Bayern: Grenzgefecht mit vorgedrungenen Awaren.
694	Tod Chlodwigs III, Theuderichs zweiter Sohn Childebert III. wird König.
697	Pippin legt das Amt des Hausmeiers offiziell nieder, behält aber als „*princeps*" die Leitung des Gesamtreiches bei. Faktische Entmachtung König Childeberts, Reduzierung des Merowingischen Königtums auf rein repräsentative Funktionen.

EINLEITUNG

Nach dem Tode König Dagoberts I., der noch als starker Alleinherrscher regiert hatte, wurde 639 das Reich unter seinen beiden noch minderjährigen Söhnen aufgeteilt. Sigibert III. erhielt Austrasien während seinem Bruder Chlodwig II. Neustrien und Burgund zufielen. Mit den unmündigen Königen gewannen die Hausmeier zunehmend an Macht, während die einzelnen Stammesherzogtümer eine immer größere Eigenständigkeit anstrebten. Dem austrasischen Hausmeier Grimoald gelang es sogar, den bislang kinderlos gebliebenen König Sigibert III. dazu zu überreden, seinen eigenen Sohn zu adoptieren, der den Namen Childebertus adoptivus annahm. Als die Königin Sigibert doch noch einen Thronfolger gebar, ließ Grimoald diesen nach dem Tod des Königs als Mönch nach Irland in die Verbannung schicken. Damit hatte der Hausmeier zwar erreicht, dass sein eigener Sohn König von Austrasien wurde, jedoch wurde er selbst später für seine Tat hingerichtet. Nach dem Tode des Childebertus 661 wurde Chlodwigs Sohn und Nachfolger Chlothar III. kurzfristig König des gesamten Frankenreichs. Aber bereits 662 wurde sein jüngerer Bruder Childerich II. zum König von Austrasien erhoben. Als Chlothar 673 verstarb, kam es zum Konflikt zwischen dessen Hausmeier Ebroin, der Chlothars jüngsten Bruder Theuderich III. zum König proklamierte und seinem anderen Bruder Childerich. Dieser konnte sich jedoch durchsetzen und ließ Theuderich und Ebroin ins Kloster einweisen. Childerich regierte daraufhin als Alleinherrscher, fiel aber wenig später einem Mordkomplott zum Opfer. Aus den Wirren und Machtkämpfen, die nach dem Tod des Königs folgten, ging der austrasische Herzog Pippin von Herstal schließlich als Sieger hervor. Nach der Schlacht bei Tertry 687, in der er die Neustrier bezwang, errang er faktisch die Herrschaft über das gesamte Frankenreich, auch wenn dieses nominell noch von merowingischen Königen regiert wurde.

Im vorliegenden dritten Band werden ausführlich Waffen, wie Streit- und Wurfaxt, Sax, Lanze und Speer sowie Pfeil und Bogen der im Fränkischen Heer dienenden Krieger behandelt. Die zeichnerischen Rekonstruktionen zeigen diesmal Krieger verschiedener Rangstufen zu Pferd und zu Fuß der Franken, Alamannen, Thüringer und Burgunden aus der Zeit des 7. Jahrhunderts.

Wie gewohnt sind die überlieferten lateinischen Begriffe wieder kursiv und kleingeschrieben wiedergegeben. Ausgenommen davon sind Inschriften in lateinischer Sprache, die vorlagengetreu in zeitgenössischen spätantiken Majuskeln reproduziert sind. Es wurde dagegen bewusst darauf verzichtet, für die auftretenden griechischen Begriffe die Originalschriftzeichen zu verwenden. Der allgemeinen Verständlichkeit zuliebe sind sie in diesem Buch stattdessen durch Großbuchstaben in Kursivdruck gekennzeichnet. Wird im Text auf entsprechende Illustrationen verwiesen, sind die Bildnummer, beziehungsweise die Farbtafel und gegebenenfalls auch Kennbuchstabe oder Kennziffer der einzelnen Abbildung angegeben. Sollte sich der Hinweis auf ein Bild in einem der vorangegangenen beiden Bände beziehen, so ist das Kürzel „Bd. 1“ beziehungsweise „Bd. 2“ vorangestellt. Alle nicht-deutschen Fundsorte sind wieder mit den entsprechenden internationalen Länderkennzeichen versehen[1].

Zuletzt sei darauf hingewiesen, dass die noch ausstehenden Themen wie Feldzeichen, Reitausrüstung, Jagd sowie Taktik und Organisation im nachfolgenden vierten und letzten Teil dieser Reihe bearbeitet werden.

Abkürzungen:

Abb.	Abbildung
AO	Aufbewahrungsort
Bd./Bde.	Band/Bände
Br.	Breite
BW	Deutsche Bundeswehr
bzw.	beziehungsweise
ca.	circa
Dat.	Datierung
Dm.	Durchmesser
erh.	erhalten
f./ff.	folgende / Plural (Seitenangaben)
FO	Fundort
gem.	gemäß
GL.	Gesamtlänge
H.	Höhe
Hrsg.	Herausgeber
Jh.	Jahrhundert
Inv.Nr.	Inventarnummer
Jh.	Jahrhundert
KBr.	Klingenbreite
KL.	Klingenlänge bzw. Klingenblattlänge
L.	Länge
MUF	Staatliches Museum für Ur- u. Frühgeschichte, Berlin
MVF	Museum für Vor- und Frühgeschichte, Berlin
o.	oder
RGA	Reallexikon der Germanischen Altertumskunde
RGZM	Römisch-Germanisches Zentralmuseum (Mainz)
S.	Seite
TDm.	größter Tüllendurchmesser
u.	und

1 **Länderliste**: *Österreich (A), Belgien (B), Schweiz (CH), Tschechien (CZ), Dänemark (DK), Frankreich (F), Ungarn (H), Italien (I), Norwegen (N), Niederlande (NL), Russland (RUS), Schweden (S), Serbien (SRB), Ukraine (UA).*

Junger Alamannenkrieger, Slawenfeldzug 631 n. Chr.

Im frühen 7. Jahrhundert hatten sich die Slawen mit Hilfe des Franken Samo und dessen Gefolgschaft von der Herrschaft der Awaren befreit und Samo zu ihrem König gewählt. Überfälle von Slawen auf fränkische Kaufleute, ebenso wie fränkische Herrschaftsansprüche, führten jedoch 631 zum Bruch zwischen dem Frankenreich und dem Slawenkönig. Daraufhin griff König Dagobert im Bündnis mit den Langobarden das Samo-Reich (*regnum Samoni*) an. Er ließ dazu seine Streitmacht in drei Heeresabteilungen vorrücken, von denen eine von dem Alamannischen Stammesherzog (*dux Alamannorum*) Chrodobert geführt wurde. Während das austrasische Hauptheer gegen das slawische Kernland zog und bei Wogastisburg an der Eder eine schwere Niederlage erlitt, gelang es sowohl den Langobarden als auch den Alamannen mit ihren Teilheeren die Slawen in den Randgebieten zu besiegen.

Nach dem alamannischen Stammesrecht war der Stand der Freien (*liberi* oder *ingenui*), die ab einem Alter von 16 Jahren als waffenfähig galten, in drei Ränge untergliedert: Es gab den einfachen freien Bauernkrieger (*baro minoflidis*), den freien Alamannen mittleren Ranges (*medianus Alamannus*) und den von hohem Rang (*primus Alamannus*).

Die Abbildung zeigt einen vornehmen jungen Alamannenkrieger (*primus Alamannus*) bei einem letzten Ausritt unter Waffen, bevor er sich dem Aufgebot seines Herzogs anschließt. Besonders der Kampf zu Pferd erfordert erhebliche Übung im Reiten und in der Handhabung von Lanze und Schild.

Der etwa sechzehnjährige Jüngling, der im zweiten Viertel des 7. Jahrhunderts in Grab 6 von Niederstotzingen beigesetzt wurde, gehört seiner Ausstattung nach einer Familie von adelsgleichem Rang innerhalb der alamannischen Gesellschaft an. Da einige seiner Beigaben aus dem langobardischen Italien stammen und andere zumindest nach langobardischen Vorbildern gefertigt sind, ist er hier auch nach langobardischer Mode gekleidet abgebildet. Die reich verzierte Tunika, die weiten Hosen und die spitzen Stiefel sind nach Darstellungen von Langobardenkriegern auf der Silberschale von Isola Rizza (I) gestaltet (**Abb. Bd. 1. / S. 17**). Über der Tunika trägt der junge Alamanne einen sogenannten vielteiligen Gürtel, bestehend aus einem Haupt- und zahlreichen Nebenriemen. Obwohl diese Gürtelform aus dem mediterranen Raum übernommen ist, lässt die Machart der eisernen, mit Silber- und Messingdraht tauschierten Beschlaggarnitur eher darauf schließen, dass sich hierbei um ein heimisches Erzeugnis handelt.

Am Leibgurt ist ein Breitsax befestigt, der in einer mit fünf großen und zahlreichen kleinen Bronzenieten besetzten Lederscheide mit rückseitig integriertem kleinem Beimesser steckt. Die großen Niete sind dabei mit Drei- und Vierpassmotiven dekoriert (**Abb. 11, 3**). Ebenso ist der Griff des Saxes am Ende mit einem halbkugeligen Zierniet aus Bronze beschlagen. Die wertvollste Waffe des Kriegers, seine Spatha, hängt an einem aus Haupt- und Schleppriemen bestehenden separaten Wehrgehänge vom Typ Civezzano, dessen elfteilige Garnitur aus silber- und messingtauschiertem Eisen gefertigt ist. Der Schwertgriff weist die für die Zeit typischen eisengefütterten Querstücke auf und schließt mit einem silbertauschierten eisernen Knaufkopf vom Typ Eisenach/Sontheim ab. Die lederbezogene Holzscheide ist im oberen Abschnitt mit zwei bronzevergoldeten Randbeschlägen und ober- und unterhalb der Aufnahmeschlitze für den Befestigungsriemen mit je einem kleinen Bronzeknopf verstärkt. An der Schulter des Kriegers lehnt seine Hauptwaffe, eine 2,4 m lange Aufhalterlanze mit Schaftbeschlägen und Lanzenschuh aus Eisen (**Tafel 5, A**). Über den Rücken geschlungen hängt sein Schild, der mit einem Knopfschildbuckel bewehrt ist. Dieser stellt eine Übergangsform dar, da er einerseits schon die für das 7. Jahrhundert typische hohe gewölbte Haube aufweist, andererseits aber noch mit einem eigentlich schon veralteten Scheitelknopf versehen ist.

Zur persönlichen Reitausrüstung des jungen Mannes gehören zudem ein Paar eiserner Ösenporen, die ebenso wie die zugehörige Riemengarnitur aus Eisen, mit Silber- und Messingtauschierung verziert sind, sowie eine Reitpeitsche mit eiserner Zwinge. Der Peitschengriff aus lederüberzogenem gedrehtem Bast ist nach einem Fund aus Grab 58 von Trossingen rekonstruiert.

Sein Reittier ist ein mittelgroßes, stämmiges Pferd aus heimischer Zucht mit einer Widerristhöhe von 136 cm, wie es aus dem Pferdegrab 8 von Niederstotzingen überliefert ist, das wiederum dem Waffengrab 6 zugeordnet werden kann. Es ist mit einer eisernen Knebeltrense aufgezäumt, deren Knebel an beiden Enden mit Bronzehülsen besetzt sind. Das zugehörige Kopfgestell ist mit 15 Zierbeschlägen aus massivem Silber, beziehungsweise silbernem Pressblech dekoriert. Die wertvolle Silbergarnitur stammt aus dem langobardischen Italien und gelangte möglicherweise als Teil der jährlichen Tributzahlungen, welche die Langobarden zu entrichten hatten, in das Frankenreich. Die rechteckigen Beschläge des Schweifriemens und die Riemenverteiler des Brustgeschirrs sind dagegen aus mit Silber und Messing tauschiertem Eisen gefertigt. Da von dem Sattel lediglich die eiserne Schnalle des Bauchgurts erhalten ist, wurde für die Rekonstruktion ein zeitgenössischer Pritschensattel mit hohem Vorderzwiesel gewählt.

A Spathagriff mit oberem Teil der Scheide

B Eiserner Schildbuckel mit Scheitelknopf und flachen Randnieten, Dm. 20 cm

A
B

WAFFEN

DER SAX

Neben der zweischneideigen Spatha gehörte zur merowingerzeitlichen Bewaffnung auch eine einschneidige Schwertwaffe, die in der Archäologie allgemeinhin als „Sax" angesprochen wird[2]. Der Sax besteht im Wesentlichen aus einer kräftigen, im Querschnitt keilförmigen Klinge mit Griffangel, auf die eine organische Handhabe aufgeschoben ist. Seine Scheide war aus Holz oder Leder gefertigt.

Allerdings verbirgt sich hinter dem Sammelbegriff „Sax" eine recht umfangreiche und vielgestaltige Fundgruppe, deren Vertreter einem leichten Reitersäbel, langen Kampfmesser, schweren Hiebmesser oder auch einem einschneidigen Schwert entsprechen können. In der archäologischen Forschung wurde daher wiederholt der Versuch unternommen, diese Objektgruppe in Kategorien und Typen zu gliedern. Da die Schmiede aber seinerzeit diese Waffen nicht nach fest vorgeschriebenen und damit genormten Maßen anfertigten, sondern sich lediglich nach allgemeinen Entwicklungstendenzen richteten, muss jegliche Einteilung und Zuordnung mehr oder weniger willkürlich bleiben. So ist es auch nicht verwunderlich, dass nebeneinander mehre Systematiken und Chronologiemodelle mit unterschiedlichen Gliederungen, Typenbenennungen und Grenzmaßen existieren, was leicht zu einer Begriffsverwirrung führen kann. In diesem Buch wird daher der groben Einteilung in Schmal- Breit- und Langsaxe, wie BÖHNER sie einst vorgenommen hat[3], der Vorzug gegeben. Die Definition der einzelnen Typen folgt wiederum weitgehend dem Modell von WESTPHAL[4].

Der Name „Sax" leitet sich aus dem althochdeutschen Wort „*sahs*" ab, das einfach nur „Messer" bedeutet. Gregor von Tours benutzt dagegen den lateinischen Namen „*culter*", wenn er von einer dolchartigen Stich- und Schnittwaffe berichtet[5]. Aufgrund der Zeitstellung kann es sich hierbei nur um die Schmalsaxe des 6. Jahrhunderts handeln. Dass tatsächlich der Sax gemeint ist, geht daraus hervor, dass der Chronist als volkssprachlichen Ausdruck für „*culter*" den Begriff „*scramasax*" angibt[6]. Bemerkenswert ist, dass er den *culter* überhaupt nicht als Kriegswaffe erwähnt, sondern nur im Zusammenhang mit Mordanschlägen und Zweikämpfen[7]. In einem Fall sollen zwei Klingen sogar mit Gift bestrichen worden sein. Gregor, der von diesem Ereignis erzählt, nennt dieselben Mordwaffen interessanterweise sowohl „*culter ferreus*" als auch „*gladius*"[8]. Offenbar werden hier beide Begriffe synonym verwendet, sodass in frühmittelalterlichen Quellen mit „*gladius*" nicht unbedingt immer die zweischneidige Spatha gemeint sein muss.

Im Gegensatz zur Spatha, die nur zum Gefecht oder zu besonderen Anlässen angelegt wurde, gehörte der Sax zur Alltagstracht des Kriegers und war deshalb dauerhaft am Leibgurt befestigt. Auch wenn die genaue Trageweise nicht bekannt ist, so gibt die Fundposition der meisten in Waffengräbern erhaltenen Exemplare Grund zu der Annahme, dass der Sax an der linken Körperseite mit der Schneide nach oben getragen wurde. Die beiden erhaltenen Bildquellen scheinen dies zu bestätigen. So hängt der Breitsax des sich kämmenden Kriegers auf dem Bildstein von Niederdollendorf leicht schräg an der linken Hüfte (**Abb. S. 22**). In dem Stuttgarter Bilderpsalter ist wiederum eine Figur dargestellt, die ihren Langsax ähnlich einer Spatha ebenfalls links trägt (**Abb. 1**). In beiden Fällen sind eindeutig die Nietreihen auf der Scheide zu erkennen, die belegen, dass die Waffe mit der Schneidenseite nach oben getragen wird. Zudem ist auf der Illustration im Stuttgarter Psalter auch ersichtlich, dass der Saxgriff ein gutes Stück in der Scheide steckt. Die Schräglage der abgebildeten Saxe bedeutet, dass diese mit einer Zweipunktaufhängung am Gürtel befestigt sein müssen. Bei den dreiteiligen Gürteln des späten 6. und frühen 7. Jahrhunderts waren zu diesem Zweck metallene Ösenbeschläge aufgenietet, an denen die dünnen Riemchen der Saxaufhängung festgemacht werden konnten (**Bd. 1 / Abb. S. 32**; **Tafel S. 33, N**)[9].

Abb. 1: **Krieger mit Langsax,**
Stuttgarter Psalter (Umzeichnung)

2 *Der Begriff „Sax" wird in der Archäologie zuweilen auch auf alle einschneidigen Hiebschwerter ausgeweitet, einschließlich die der Vorrömischen Eisenzeit und der frühen Römischen Kaiserzeit.*

3 *Böhner 1958.*

4 *Westphal 2004. Die Saxtypen werden im Abschnitt „Entwicklung" detailliert beschrieben.*

5 *„culter" bedeutet im Lateinischen zudem auch „Messer" im weiteren Sinne.*

6 *Tours: HF IV, 51.*

7 *Weidemann 1982, S. 262 f.*

8 *Tours: HF VIII, 29.*

9 *Auf die Befestigung der Trageriemen an der Saxscheide wird wiederum im Abschnitt* ***„Scheiden"*** *eingegangen.*

A Goldgriff (L. 15,5 cm) mit goldcloisonniertem Mundblech u. Ortband, FO: Pouan-les-Vallées (F), Dat.: 3. Viertel 5. Jh.
B goldcloisonniertes Mundblech u. Ortband mit Kantenbeschlägen, FO: Tournai (B), Dat.: 4. Viertel 5. Jh.
C silbervergoldetes Ortband mit Almandineinlagen (Br. 4,3 cm) u. 3 goldcloisonnierte Zierbeschläge, FO: Basel Klein-Hüningen (CH) Grab 63, Dat.: um 500
D Ortband aus Silber, FO: Lavoye (F) Grab 319b, Dat.: Ende 5. Jh.
E Ortband aus Silber, FO: Ehring Grab 1, L. 12,5 cm, Dat.: um 700
F Mundblech, Ortband (L. 24,6 cm) u. Zierniet aus feuervergoldeter Bronze, FO: St. Jakob bei Polling Grab 2, Dat.: um 700
G Scheidenbeschlag u. Ortband (L. 10,6 cm) aus Silber, FO: Dürbheim Grab 2, Dat.: 1. Viertel 8. Jh.

Tafel 1: **Sax**

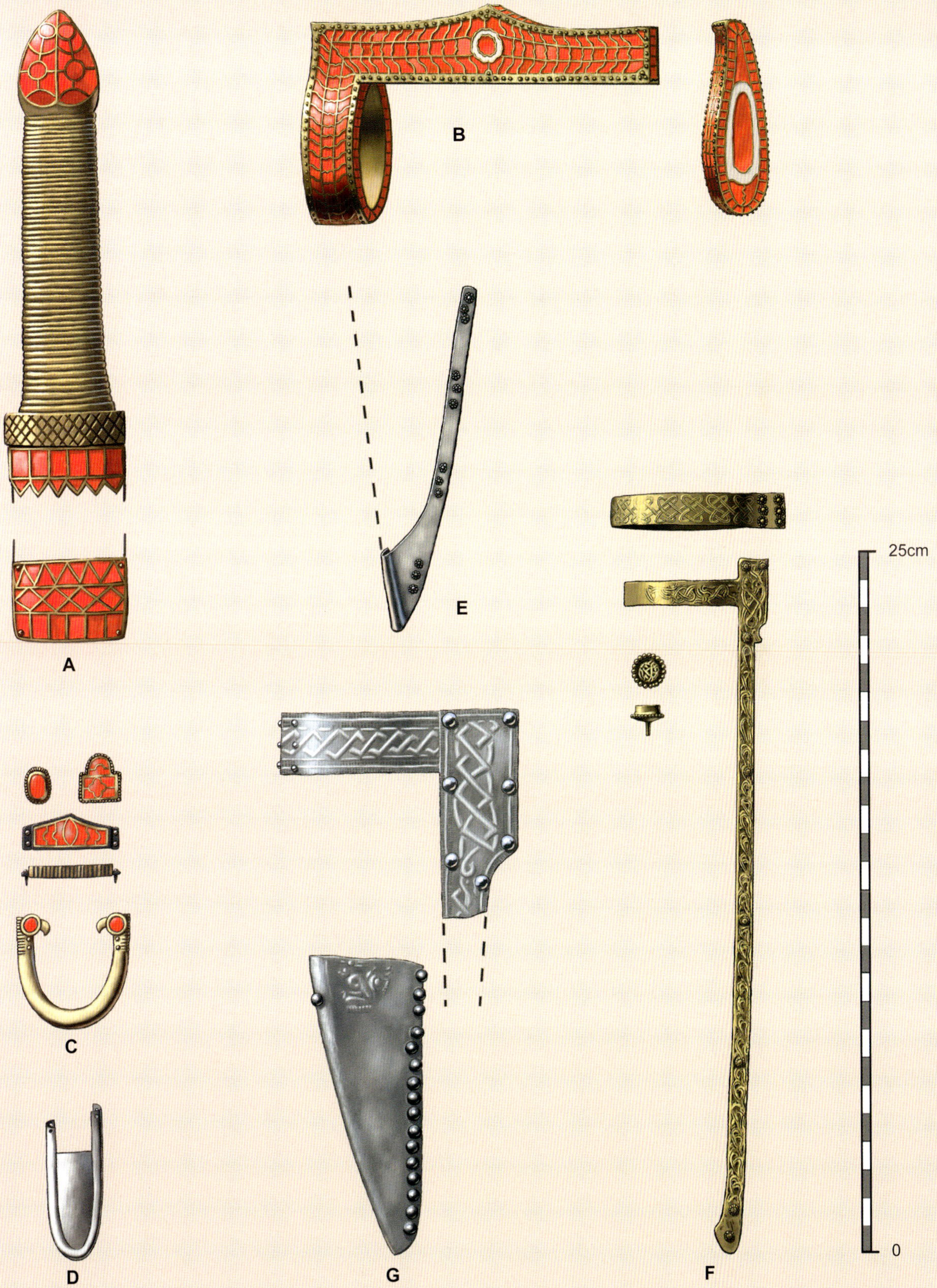

Bedauerlicherweise existieren keine zeitgenössischen bildlichen Darstellungen, die über die Trageweise des Saxes in Kombination mit der Spatha Auskunft geben könnten. Wurden beide Schwertwaffen zeitgleich links getragen, mussten diese sich zwangsläufig überkreuzen. Vermutlich weil der Krieger nacheinander zuerst den Saxgürtel und dann das Wehrgehänge der Spatha anlegte, ging man in der Forschung bislang davon aus, dass die Spatha dann vor dem Sax hing[10] (**Tafel S. 7**). Im Experiment hat es sich dagegen bewährt, die Spathascheide beim Anlegen hinter der Saxscheide zwischen den beiden Saxtrageriemen hindurch zu schieben[11] (**Bd. 2 / Tafel S. 61**). Möglicherweise sind beide Methoden zur Anwendung gekommen.

Bezüglich der Linkstrageweise des Saxes scheint es aber auch Ausnahmen gegeben zu haben. So ist auf dem Zierblech einer Spathascheide aus Gutenstein ein Wolfskrieger mit Ringschwert zu sehen, der an der rechten Hüfte eine offenbar einschneidige saxartige Waffe senkrecht mit der Schneidenseite nach vorn trägt (**Abb. 2**). Diese scheint zudem an einem Schulterriemen zu hängen. Auch im Walthari-Lied wird von dem Helden berichtet, dass er sich an die linke Seite ein zweischneidiges Schwert (Spatha) und an die rechte ein einschneidiges (Sax) gürtete[12].

Abb. 2: **Wolfskrieger auf der Spathascheide von Gutenstein** (Umzeichnung)
Dat.: spätes 7. Jh.

Klinge

Im Gegensatz zur zweischneidigen Spatha zeigt der Sax einen asymmetrischen, keilförmigen Klingenquerschnitt. Der 5 bis 11 mm starke Rücken verleiht der Saxklinge dabei die nötige Stabilität, macht sie aber auch starrer als die vergleichsweise elastische Spathaklinge. Die einschneidige Klinge stellt somit geringere Anforderungen an Material und Schmiedetechnik. Daher überrascht es auch nicht, dass in merowingischem Kontext damaszierte Saxe, wie zum Beispiel die Exemplare aus Grab 820 von Altenerding und Grab 19 von Kirchheim am Ries, die große Ausnahme darstellen[13]. Klingen mit angesetzten Schneiden aus härterem Material sind dagegen bei bestimmten Saxtypen weniger ungewöhnlich[14].

Proportionen und Größe der Saxklinge unterliegen wiederum während der gesamten Merowingerzeit einem stetigen Wandel. Aus den ursprünglich schmalen Klingen unterschiedlicher Länge des 5. und 6. Jahrhunderts (Schmalsaxe) entwickeln sich noch vor Beginn des 7. Jahrhunderts schwerere und breitere Formen (Breitsaxe), die im letzten Jahrhundertviertel von einem langen und dafür etwas schmaleren Typ (Langsax) abgelöst werden. Auch hinsichtlich der Ausformung der Klingenspitze ist eine Entwicklung zu beobachten. So dominieren zunächst Klingen, deren Schneide sich wie bei Messern zum Rücken aufbiegt, wodurch der Ort zur Rückenlinie hin tendiert (**Abb. 3, 1**). Im späten 6. Jahrhundert werden dann annähernd symmetrische Klingen üblich, bei denen der Ort auf oder zumindest nahe der Mittelachse liegt (**Abb. 3, 2**). Spätestens seit dem ausgehenden 7. Jahrhundert fällt der Rücken dann in der Regel mehr oder weniger zur Schneide hin ab, bis der Ort schließlich im 8. Jahrhundert auf der Schneidenlinie zu liegen kommt (**Abb. 3, 3**).

Die Klingenschultern fallen meist mehr oder weniger stark ab und können entweder kantig oder geschwungen ausgeformt sein. Seltener sind rechtwinkelig von der Mittelachse abgehende Schultern, wie sie regelhaft in Verbindung mit metallenen Griffplatten auftreten[15]. Bei manchen erhaltenen Saxklingen ist zu erkennen, dass sich durch häufiges Nachschärfen deren ursprüngliche Breite und Form erheblich verändert haben. Außerdem sind einige wenige Langsaxe erhalten, deren Klingen offenbar aus umgearbeiteten Spathen gefertigt wurden. Vermutlich handelt es sich hierbei um beschädigte Spathaklingen, die einer Zweitverwendung zugeführt wurden[16].

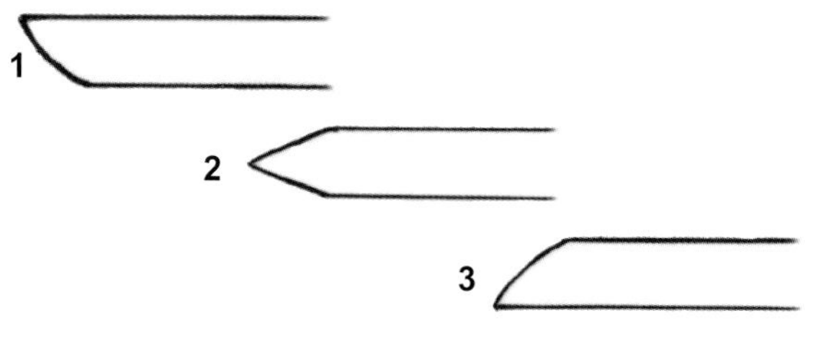

Abb. 3: **Klingenformen bei Saxen**

10 *Menghin 1998, S. 115.*

11 *Lüppes 2010, S. 566 u. 569.*

12 *Das Walthari-Lied stammt zwar aus dem 10. Jh., die Sage spielt jedoch im 5. Jh.*

13 *Bei sächsischen Langsaxen des 8. Jh. treten damaszierte Klingen dagegen recht häufig auf.*

14 *Schmalsax II.*

15 *Schmalsax I.*

16 *Lehmann/Müsch 2010.*

Saxklingen zeigen häufig parallel zum Rücken verlaufende eingetiefte Rillen[17], die meist paarweise vorhanden sind und sich nahe der Spitze vereinigen. Sie treten aber auch einzeln oder in größerer Anzahl auf. So ist die Klinge eines schweren Breitsaxes aus dem MVF-Berlin mit einem ganzen Riefenbündel versehen (**Abb. 6, 4**). Da diese Rillen keinen praktischen Nutzen erkennen lassen, handelt es sich bei ihnen wohl lediglich um ein dekoratives Element. Ein- oder beidseitige Kehlungen, wie wir sie zuweilen bei Langsaxen finden, dürften dagegen der Gewichtsreduzierung gedient haben.

Über das Riefendekor hinausgehende Klingenverzierungen sind hingegen weniger häufig und zudem auf den Zeitraum vom fortgeschrittenen 6. Jahrhundert bis zur Mitte des 7. Jahrhunderts beschränkt. So sind fränkische und alamannische Saxe zuweilen mit gravierten, beziehungsweise ziselierten Tierfiguren oder Flechtbändern dekoriert, während das Kreisaugenmotiv eigentlich nur bei fränkischen Waffen auftritt. Eine Besonderheit stellt somit der Sax aus Grab 48 des alamannischen Gräberfeldes von Lausanne-Bel Air (CH) dar, der beidseitig nicht nur mit stilisierten Tierdarstellungen, sondern auch mit fünf Kreisaugen reich verziert ist (**Abb. 4**). Trotz des Fundzusammenhangs dürfte er allerdings ursprünglich aus einer Werkstätte in Aquitanien stammen[18]. Äußerst selten sind dagegen Klingeninschriften in Runen oder lateinischen Buchstaben, die zeitlich alle in das spätere 6. Jahrhundert fallen. Dabei sind nur alamannische und bajuwarische Saxe mit Runen beschriftet, während Inschriften in Latein lediglich bei fränkischen Waffen auftreten.

Griff

Der Saxgriff war recht einfach konstruiert und bestand in der Regel lediglich aus einer auf die eiserne Griffangel aufgeschobenen organischen Handhabe (Hilze). Da die vergänglichen Hilzen bestenfalls als Reste überdauert haben, sind unsere Erkenntnisse bezüglich ihrer Form eher lückenhaft. Als Material dürfte hingegen vorwiegend Holz verwendet worden sein. Nachgewiesen sind hautsächlich harte Laubhölzer wie Birke, Buche und Ahorn, aber auch Nadelhölzer wie Fichte und Tanne. Griffe aus weicherem Weidenholz sind dagegen eher die Ausnahme[19]. Aus Neuwied-Heddesdorf II ist zudem ein Sax überliefert, dessen 25 cm lange anatomisch geformte Handhabe aus Hirschhorn gefertigt wurde[20]. Sie hat eine rundbelassene Vorderseite, eine flachgeschliffene Rückseite und einem pilzförmigen Knauf (**Abb. 5**). Soweit rekonstruierbar, lassen die hölzernen Hilzen dagegen gewöhnlich einen ovalen oder tropfenförmigen Querschnitt erkennen.

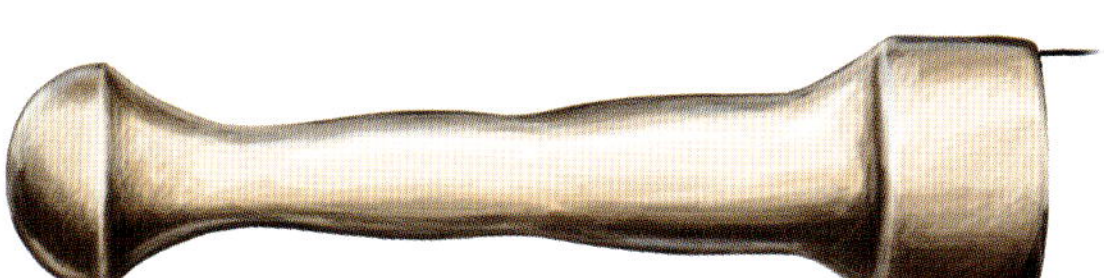

Abb. 5: **Saxgriff aus Hirschhorn**
FO: Neuwied-Heddesdorf II, L. 25 cm, Dat.: 7. Jh.

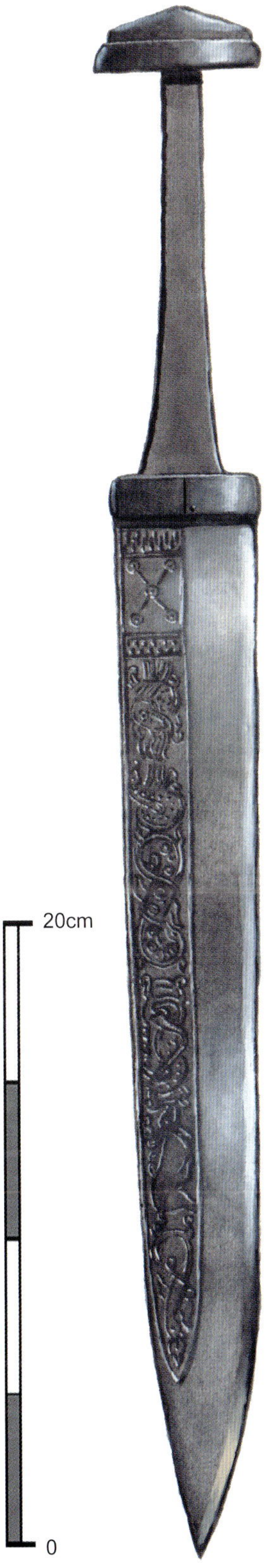

Abb. 4: **Verzierte Saxklinge**
FO: Lausanne-Bel-Air (CH) Grab 48, GL. 49,3 cm
Dat.: um 600

17 *Auch als Riefen oder „Blutrinnen“ bezeichnet.*
18 *Moosbrugger 1965, S. 116 f.*
19 *FO: Barghausen, Grab F 774.*
20 *Stoll 1940.*

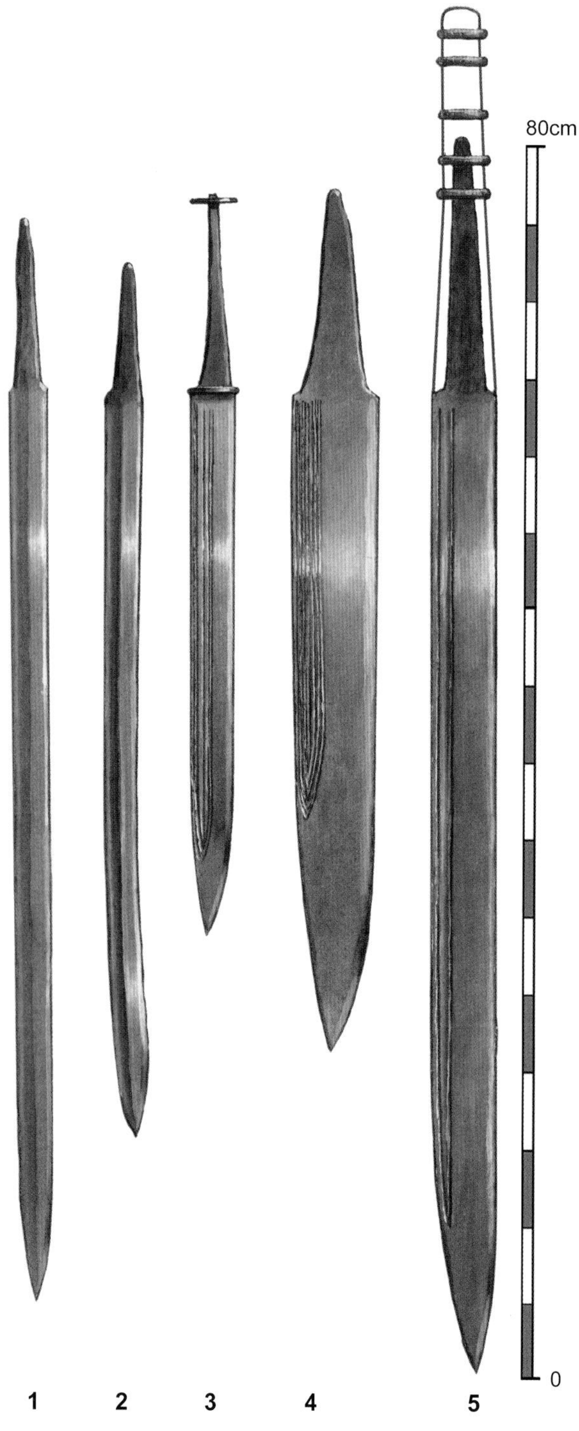

Abb. 6: **Saxklingen**
1 langer Schmalsax, FO: Granschütz Grab 1, L. 71 cm, Dat.: 2. Hälfte 5. Jh.
2 langer Schmalsax, FO: Westheim Grab 106a, L. 57,1 cm, Dat.: spätes 5. Jh.
3 Schmalsax I, FO: Beckum Grab 18, GL. 48,2 cm, Dat.: 2. Hälfte 6. Jh.
4 schwerer Breitsax, FO unbekannt / AO: MVF-Berlin, L. 55,8 cm, Dat.: 7. Jh.
5 Langsax, FO: Jesenwang Grab 2, GL. 89,5 cm, Dat.: um 700

Da die Griffangeln fast immer nur als Angelstumpf ausgeschmiedet sind, lassen sich auch keine zuverlässigen allgemeingültigen Aussagen bezüglich der Grifflänge machen. Interessant ist in diesem Zusammenhang der im frühen 7. Jahrhundert einsetzende und bis in das letzte Jahrhundertdrittel anhaltende Trend zu betont langen Griffangeln, die 20 bis 26 cm, oder in Ausnahmefällen sogar bis 29 cm messen können[21]. Dabei ist jedoch zu beachten, dass sich bei einer nichtdurchgängigen Angel prinzipiell nur die Mindestlänge des Griffes feststellen lässt. Eine glückliche Ausnahme stellt daher Langsax aus Grab 2 von Jesenwang dar (**Abb. 6, 5**), dessen Griffholz in seiner gesamten Länge von 24,5 cm erhalten ist. Sein Griffangelstumpf misst dagegen nur 16 cm[22]. Dadurch ist allerdings lediglich nachgewiesen, dass die Länge des Saxgriffes die der Griffangel übertreffen kann. Keineswegs lässt sich jedoch aus dem in diesem Einzelfall beobachteten Verhältnis von Griff- zu Angellänge eine generell übertragbare Regel ableiten.

Ansonsten ist die ursprüngliche Grifflänge nur bei Saxen mit komplexerem Griffaufbau zu erkennen[23]. Die durchgehende, bis zu 15 cm lange Griffangel ist bei diesen mit einer abschließenden metallenen Knaufplatte oder einem massiven eisernen Knauf vernietet. Am unteren Ende wird die Hilze von einer eisernen, auf die Angel aufgeschobenen Griffplatte (Stichblatt) begrenzt, die auf rechtwinkeligen Klingenschultern ruht. Knauf- und Griffplatte sind von ovaloider, dem Querschnitt der Handhabe entsprechender Form. Aus Grab 9 von Niederstotzingen ist ein Schmalsax mit bootsförmigem Knauf überliefert, der mit silberner Strichtauschierung verziert ist (**Tafel 2, B**). Das Exemplar aus Grab 18 von Beckum hat dagegen lediglich eine dünne Knaufplatte (**Abb. 6, 3**), während sich der Griffabschluss des bereits erwähnten kunstvoll verzierten Saxes von Lausanne-Bel Air aus einer massiven Kaufplatte und einem pyramidenförmigen Knauf zusammensetzt. Die massiven Eisenknäufe könnten darüber hinaus im Nahkampf als Schlagwaffe gedient haben. Anstelle der unteren Griffplatte kann auch eine eiserne Griffzwinge am Griffholz befestigt sein[24]. Derartige, die Hilze umschließende Zwingen treten allerdings ebenso als einzige Metallbeschläge bei einfach konstruierten Griffen auf. Außergewöhnlich sind dagegen die fünf punzierten, feuervergoldeten Silberbänder, die den Griff des Langsaxes aus Jesenwang zieren.

In einigen Waffengräbern des Voralpengebiets wurden auch einzelne Bronze- und Silbernägel mit rundgewölbten Köpfen von 1,3 bis 1,8 cm Durchmesser am oberen Ende des Saxgriffes liegend gefunden. Solche Griffnägel sind ansonsten nur von langobardischen Fundorten aus Italien bekannt und stellen eine Erscheinung der zweiten Hälfte des 6. und der ersten Hälfte des 7. Jahrhunderts dar. In alamannischen und bajuwarischen Grabausstattungen sind sie auch meist mit anderen langobardischen Beigaben vergesellschaftet. Da sie offensichtlich keine feste Verbindung zur Griffangel besitzen, dürfte es sich bei ihnen um ein rein dekoratives Element handeln. Diese Ziernägel waren in der Regel wohl auf der Schauseite in das Griffholz eingeschlagen. Nur aus Grab 26 von Giengen sind zwei gegenständige Exemplare mit einer lichten Weite von 2,6 cm

21 *Auf die Problematik der überlangen Griffe wird noch ausführlicher in dem Abschnitt über die schweren Breitsaxe eingegangen.*

22 *Ein ähnliches Längenverhältnis scheint auch bei dem schweren Breitsax aus Grab 4 von Altdorf (CH) vorzuliegen: Der fragmentierte Holzgriff war mindestens 26 cm lang, während die Länge der Griffangel ca. 15,5 cm beträgt.*

23 *Schmalsax I.*

24 *FO: Westheim, Grab 152.*

überliefert. Möglicherweise ist ein schauseitiger Griffnagel auch auf dem Bildstein von Niederdollendorf dargestellt (**Abb. S. 23**), trotz dessen großer Entfernung zum eigentlichen Verbreitungsgebiet. Der halbkugelige bronzene Nietkopf von maximal 1,3 cm Durchmesser aus dem Grab 6 von Niederstotzingen könnte wiederum aufgrund seiner Fundlage ebenso gut wie ein Knaufknopf auf dem oberen Griffabschluss angebracht gewesen sein[25] (**Tafel S. 7**).

Inwieweit hölzerne Handhaben noch mit einem anderen organischen Material zusätzlich umwickelt oder bezogen waren, ist nicht mehr nachvollziehbar, da sie, wenn überhaupt, meist nur als spärliche Reste überdauert haben. So ist der Fund aus Grab 253 von Weingarten einer der wenigen eindeutigen Nachweise für einen mit Leder überzogenen Saxgriff. Aus Grab 4 von Gammertingen ist zudem von einem Breitsax noch der obere Teil des Griffholzes erhalten, das mit in eingetieften Rillen liegender dicker Hanfschnur umwickelt und von einem dünnen Lederüberzug umschlossen war (**Abb. 7**). Eine Handhabe mit derart gerippter Oberfläche hatte vermutlich nicht nur eine ästhetische Wirkung, sondern dürfte auch rutschfester in der Hand gelegen haben. Aus Grab 6 von Klepsau ist wiederum ein Holzgriff mit Bastumwicklung überliefert.

Abb. 7: **Saxgriff mit Lederbezug** (Schema)
FO: Gammertingen Grab 4, Dm. 4,8 cm

25 *Christlein 1991, S. 64, Abb. 36.*

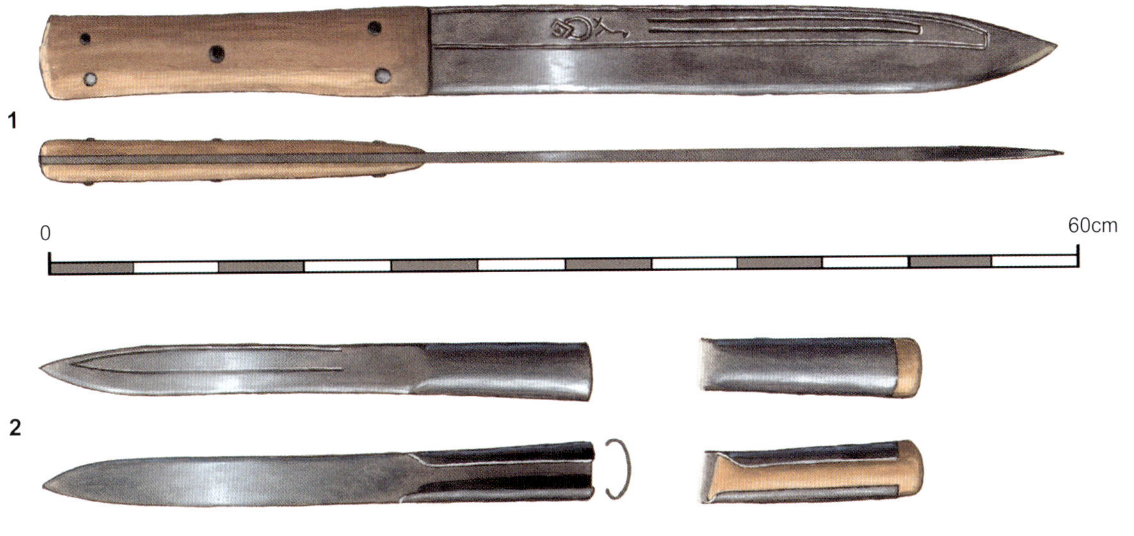

Abb. 8: Saxgriffe, Sonderformen
1 Breitsax mit Griffschalen, FO: Weingarten Grab 791, Dat.: 1. Hälfte 7. Jh.
2 Tüllensax, FO: Bassecourt (CH), Dat.: Mitte 6. - Mitte 7. Jh.

Eine weitere Art der Griffummantelung stellen Goldblechverkleidungen dar, die allerdings insgesamt nur zweimal bei langen Schmalsaxen aus der zweiten Hälfte des 5. Jahrhunderts nachgewiesen sind. So ist aus Pouan-les-Vallées (F) eine gerippte Goldblechhülse erhalten, die zur Klinge hin parierstangenartig erweitert und wabenartig gemustert ist. Das spitz-tropfenförmig zulaufende Knaufende ist zudem mit Almandinen eingelegt (**Tafel 1, A**). Die andere Griffverkleidung aus Goldblech wurde in dem alamannischen Fürstengrab auf dem Ailenberg bei Esslingen-Rüdern gefunden. Sie besteht aus einer heute stark deformierten Tülle, deren oberen Rand eine 2 mm breite Manschette aus zwei Perldrahtkränzen mit dazwischenliegendem Belechtstreifen umgibt, auf der wiederum eine unverzierte Deckplatte aufliegt[26].

Eine seltene Sonderform stellen auch Saxe mit zweischalig vernieteten Griffen dar. Anzuführen wäre ein Breitsax aus Grab 791 von Weingarten, dessen flache hölzerne Griffschalen mit fünf Eisennieten auf einer durchgängigen, bahnartigen Griffplatte befestigt sind (**Abb. 8, 1**). Ein ähnliches Exemplar mit fünf Paar eisernen Nieten und einem schlanken Knauf liegt zudem aus Grab 393 von Altenerding vor. Ebenfalls als Ausnahmeerscheinung ist die saxartige Waffe aus dem Gräberfeld von Bassecourt (CH) zu werten, deren Griffende zu einer Tülle anstatt zu einer Griffangel ausgeschmiedet ist (**Abb. 8, 2**). Daneben ist nur ein einziger weiterer, fast identischer Tüllensax aus Seveux (F) überliefert. Ob die auf der Rückseite offenen Tüllen ursprünglich einen Holzkern umschlossen, lässt sich allerdings nicht mehr feststellen.

26 *Christlein 1972, S. 261.*

Scheide

Saxscheiden waren aus vergänglichen organischen Materialien gefertigt und haben deshalb, wenn überhaupt, nur als anhaftende Reste überdauert. Ihre Form lässt sich jedoch indirekt anhand erhaltener metallener Beschläge erschließen.

Die Scheiden der frühen Saxe aus der zweiten Hälfte des 5. und der ersten Hälfte des 6. Jahrhunderts bestanden aus zwei zusammengefügten, flachgewölbten Holzschalen, deren Umriss eng den Konturen der schlanken Klinge folgte (**Abb. 9, 1-2**). Für die Saxscheide aus dem Fürstengrab von Planig wurde nachweislich Weidenholz verwendet. Ansonsten sind noch Nadelhölzer, sowie Eiche, Buche und auch Linde als Material überliefert. Es kann davon ausgegangen werden, dass die Holzscheiden, ähnlich wie die der Spathen, in der Regel mit einem vernähten Lederüberzug versehen waren. Von einer Saxscheide aus Heidenheim-Großkuchen sind nicht nur Reste eines derartigen äußeren Lederbezuges, sondern auch die eines Innenfutters aus Fell erhalten. Zudem wären noch alternative Materialen wie Textil oder Rindenbast als Ummantelung denkbar. So war die Scheide des Schmalsaxes aus dem Grab 61 von Wünnenberg-Fürstenberg ebenso wie die beigegebene Spathascheide mit Kirschrinde umwickelt.

Holzscheiden waren häufig mit einem u-förmigen Ortband beschlagen, das meist aus Edelmetall, seltener aber auch aus Bronze gefertigt ist. Zudem sind dreieckige, beziehungsweise geschweifte Scheidenrandbeschläge überliefert. Von der Saxscheide aus Grab 63 von Basel Klein-Hüningen (CH) sind zum Beispiel neben dem silbervergoldeten Rahmenortband mit Vogelkopfenden und Almandineinlagen noch drei goldcloisonnierte Zierbeschläge erhalten (**Tafel 1, C**). Sie bestehen aus einem geschweiften eisernen Randbeschlag mit goldener Streifentauschierung und vier Silbernieten, einem kleineren rechteckig ausgebuchteten Eisenbeschlag und einem einzelnen ovalen Almandin auf gewaffelter Silberfolie in silbervergoldeter Fassung. Silberne Ortbänder mit eingeschobenem Ortblech liegen hingegen aus Grab 319b von Lavoye (F) (**Tafel 1, D**) und Grab 1782 von Krefeld-Gellep (**Bd. 1/ Tafel S. 37**) vor. Zu der Scheide des Krefelder Saxes gehört zudem ein integriertes kleines Messer mit quergerippter Goldblechhülse als Griffabschluss. Damit ist es der früheste Beleg für die mit dem beginnenden 6. Jahrhundert aufkommenden, meist an der Scheidenrückseite befestigten Beimesser. Das Ortband der Saxscheide aus Planig sowie der dazugehörige filigranverzierte Randbeschlag sind wiederum aus Gold gefertigt (**Bd. 1/ Tafel S. 29**).

Neben Holzscheiden mit u-förmigem Ortband lassen sich auch solche mit geradem Ortabschluss nachweisen. So sind von dem Goldgriffsax aus Pouan ein goldcloisonniertes Kastenortband und ein entsprechendes Scheidenmundblech erhalten. Mundbleche an hölzernen Saxscheiden stellen dabei allerdings eine Ausnahme dar. Schon deshalb können die almandinverzierten goldenen Scheidenbeschläge des Saxes aus dem Childerichgrab von Tournai (B) als außergewöhnlich betrachtet werden (**Tafel 1, B**). Das im Querschnitt tropfenförmige Mundband ist mit einem zur Mitte hin spitz ausschweifenden Randbeschlag verbunden. Von dem ähnlich geformten Ortband ist der zugehörige Scheidenrandbeschlag dagegen abgebrochen und verloren gegangen. In der Mitte der Ortbandunterseite befindet sich eine große schildförmige Almandineinlage, die in einen Achatrahmen eingefasst ist.

Die Frage, wie die Saxtrageriemen der Zweipunktaufhängung eigentlich an der Holzscheide befestigt waren, lässt sich bedauerlicherweise nicht anhand des archäologischen Befundes beantworten. Denkbar wäre, dass die Riemchen die Scheide schlingenförmig umschlossen oder dass deren Enden mit dem Lederbezug vernäht waren. Einen Hinweis auf erstere Möglichkeit liefert dabei die relativ gut erhaltene Saxscheide aus dem Knabengrab unter dem Kölner Dom. Hier ist im Scheidenholz noch eine umlaufende Vertiefung zu erkennen, die wohl ein Verrutschen des umschließenden Trageriemens verhindern sollte. Vermutlich spielten auch die erwähnten Scheidenrandbeschläge eine Rolle bei der Befestigung oder Fixierung der Riemen.

Im Laufe des späteren 6. Jahrhunderts kommen dann Saxscheiden aus Leder auf (**Abb. 9, 3-5**), welche die herkömmlichen Holzkonstruktionen ersetzen. Die asymmetrisch geformten Scheiden waren aus einem einzelnen Lederstück gefertigt, das zuerst der Saxform entsprechend zurechtgeschnitten und anschließend über dem Klingenrücken umgeschlagen wurde. Auf der Schneidenseite wurde dann der so entstandene mehr oder minder breite Saum durch Vernähen, Vernieten oder Zusammenklammern der beiden Lederlagen geschlossen. Als Material dürfte derbes Rindsleder bevorzugt worden sein. Allerdings ist auch eine Langsaxscheide aus Hirschleder überliefert[27]. Ankorrodierte Reste von Katzenhaar auf einer erhaltenen Saxklinge belegen hingegen, dass auch Lederscheiden mit Fell ausgekleidet sein konnten[28]. Auf der Klinge eines Breitsaxes aus Grab 3a von Niederstotzingen wurden wiederum anhaftende Holz- und Lederteile festgestellt. Ebenso sind Nadelholzreste von der Lederscheide eines Messers[29] aus Grab 8 von St. Ulrich und Afra (Augsburg) überliefert. Beide Funde weisen darauf hin, dass im frühen 7. Jahrhundert zumindest einige Lederscheiden offenbar noch über einen Holzkern verfügten.

27 FO: Barghausen, Grab F 662.

28 FO: Frauenberg bei Sondershausen, Grab 38.

29 Mit einer erh. Gesamtlänge von ca. 23 cm handelt es sich bei diesem Objekt zwar eindeutig um ein Messer, aber seine Scheide weist alle Merkmale einer Saxscheide auf.

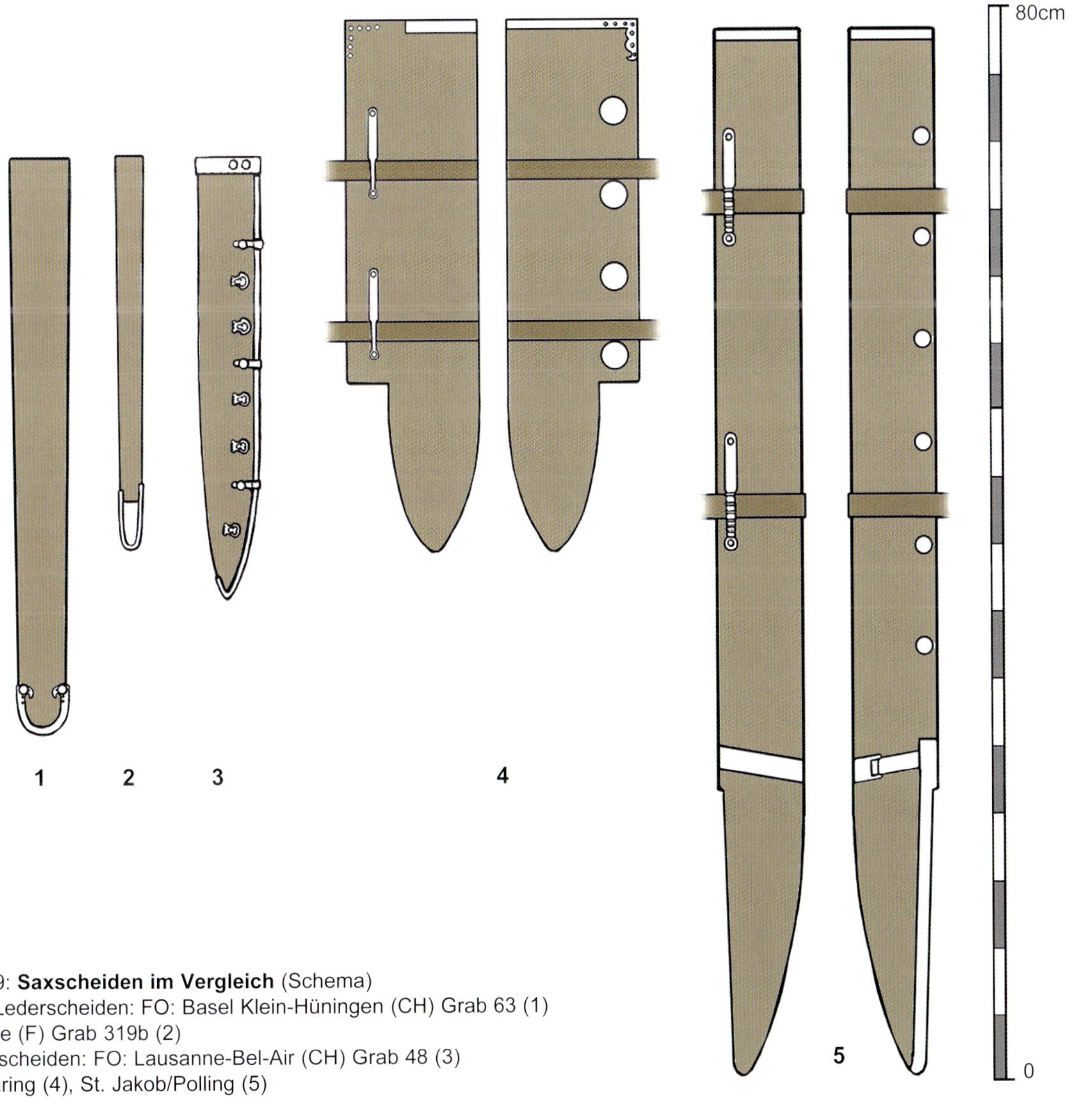

Abb. 9: **Saxscheiden im Vergleich** (Schema)
Holz-Lederscheiden: FO: Basel Klein-Hüningen (CH) Grab 63 (1)
Lavoye (F) Grab 319b (2)
Lederscheiden: FO: Lausanne-Bel-Air (CH) Grab 48 (3)
Ottmaring (4), St. Jakob/Polling (5)

Anhand der Fundlage erhaltener Metallbeschläge ist in vielen Fällen die Silhouette der vergangenen ledernen Saxscheide deutlich auszumachen. Die Anordnung der Metallteile zeigt zudem, dass die Lederscheide meist auch einen erheblichen Teil des Griffes bedeckte, was ferner durch eine Illustration im Stuttgarter Psalter bestätigt wird. Dies sollte wohl einem unfreiwilligen Herausrutschen des Saxes aus der Scheide vorbeugen.

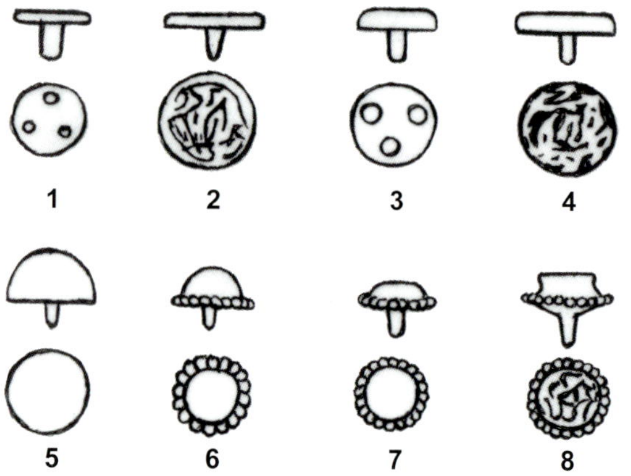

Abb. 10: **Typen von Saxscheidennieten**

Die üblichste Beschlagform stellen bronzene Niete entlang der Schneidenkante dar. Neben den rein funktionalen kleinen Saumnieten, die in großer Anzahl auftreten, sind auch größere Niettypen überliefert. Diese sind von recht unterschiedlicher Gestalt, liegen aber fast immer in Vier- oder Fünfzahl vor. Die Formenvielfalt des 7. Jahrhunderts umfasst Niete mit flachem Kopf und drei Löchern oder Kreisaugen (**Abb. 10, 1**) sowie Flachniete mit eingraviertem oder mitgegossenem Dekor im Tierstil II (**Abb. 10, 2**). Verbreitet sind vor allem Wirbel und Bandgeflechte. So zeigt der Bronzeniet aus Grab 6 von Niederstotzingen ein Knotenmuster (**Abb. 11, 3**), während auf einem Exemplar aus Bisingen stilisierte Schlangen zu sehen sind (**Abb. 11, 2**). Ein silbervergoldeter Zierniet aus Ötlingen ist wiederum mit einem Dreierwirbel und drei Tierköpfen dekoriert (**Abb. 11, 1**). Aufgrund seines Materials und der zur Bearbeitung der Schauseite angewandten Kerbschnitt-Technik stellt er allerdings eine Besonderheit dar. Etwas jünger sind hohe, hohle Niete mit drei Löchern oder Tierornament auf der Zierfläche (**Abb. 10, 3-4**). Ab der zweiten Jahrhunderthälfte kommen neben unverzierten halbkugeligen Hohlnieten (**Abb. 10, 5**) vor allem hohle Perlrandniete mit komplexerem Aufbau in Mode (**Abb. 10, 6-8**). Sie sind aus bis zu vier Teilen zusammengesetzt und meist aus Silber gefertigt.

Abb. 11: **Zierniete von Saxscheiden**

1 silbervergoldeter Niet, FO: Ötlingen, Dm. 1,6 cm
2 Bronzeniet, FO: Bisingen, Dm. 1,7 cm
3 Bronzeniet, FO: Niederstotzingen Grab 6, Dm. 1,5 cm

Frühe Lederscheiden können zudem mit einer bronzenen Scheidenmundzwinge, die mit dem Saum vernietet ist, beschlagen sein. Statt der u-förmigen Ortbänder schützen jetzt asymmetrische Typen das untere Scheidenende. Sie sind von rundlicher bis spitzwinkeliger Form und meist aus Eisenblech, seltener aus Bronze, gefertigt. Zuweilen umfassen sie den Ort nur auf der Saumseite. Dagegen sind durchgehende rinnenförmige Randbeschläge, die die Scheidenkante auf ganzer Länge säumen eher die Ausnahme. Ab dem frühen 7. Jahrhundert treten dann keine Ortbänder mehr und nur noch wenige Mundzwingen auf. Letztere ersetzt gelegentlich ein bronzener rinnenförmiger Winkelbeschlag an der Saumseite des Scheidenmundes. Dafür sind viele Saxscheiden jetzt auf der Saumseite reich mit Saum- u Ziernieten beschlagen. An den Lederscheiden der Langsaxe des ausgehenden 7. Jahrhunderts und der frühen Karolingerzeit finden sich dann wieder verstärkt Ortbänder und Mundzwingen, sowie auch andere Beschlagformen, wie zum Beispiel Scheidenbänder. Beschläge besonders prunkvoller Scheiden können aus Silber, vergoldeter Bronze oder sogar purem Gold gefertigt sein, wobei diese allerdings oft nur schauseitig angebracht sind.

Ab dem 7. Jahrhundert sind die Scheiden von Breit- und Langsaxen auf der Saumrückseite oft mit eisernen Riemenbügeln beschlagen, die meist paarig und in Kombination mit je zwei schauseitigen Ziernieten als Gegenbeschlag auftreten (**Abb. 9, 4-5**). Diese Riemendurchzüge dienten zur Fixierung der Saxtrageriemen, wobei diese vermutlich durch die Bügel hindurch um die Scheide herumgeführt wurden. Eine Befestigung der Riemenenden direkt an den Eisenbügeln erscheint dagegen in Anbetracht der zierlichen Befestigungsniete und des hohen Gewichts der massiven Saxe wenig wahrscheinlich[30]. Bei Saxscheiden ohne Riemenbügel könnten die Trageriemchen alternativ durch in das Scheidenleder eingeschnittene Schlitze gezogen worden sein[31]. Ebenfalls auf der Scheidenrückseite befindliche Beimesser sind wiederum seit dem späten 6. Jahrhundert relativ häufig zu verzeichnen.

Einige ausgesuchte Beschlaggarnituren lederner Saxscheiden seien hier kurz vorgestellt: Die Scheide des Schmalsaxes aus Grab 9 von Niederstotzingen war an der Saumkante ursprünglich auf ganzer Länge mit einem rinnenartigen Randbeschlag aus silbertauschiertem Eisen besetzt, der durch fünf Klammern aus gerieftem Silberblech verstärkt wurde. Zudem war der Saum noch mit fünf silbernen Ziernieten beschlagen (**Tafel 2, B**). Ebenso gehört zu der bronzenen Scheidengarnitur des verzierten Saxes aus Lausanne-Bel Air[32] neben der Mundzwinge auch ein durchgehender Kantenbeschlag mit drei Klammern. Besonders auffällig sind allerdings die fünf Saxscheidenniete in Maskenform, die eine aquitanische Herkunft der Waffe vermuten lassen (**Abb. 9, 3**). Von der Scheide des kurzen Breitaxes aus Grab 37 von Oberflacht sind ein geschweifter Randbeschlag aus Bronze, drei Scheidenzwingen aus geripptem Bronzeblech und ein u-förmiges bronzenes Ortband mit zwei eingeschobenen Ortblechen erhalten. Das schauseitige Blech ist dabei mit getriebenen Motiven im Tierstil II dekoriert (**Tafel 2, C**).

30 Dannheimer 1974: Langsaxscheide von Polling.

31 An dem Scheidenleder eines Breitsaxes aus Andernach sind eine bronzene Riemenöse mit angeknüpftem schmalem Lederriemen sowie ein Bronzeschnällchen mit Beschlag festgenietet. Sie werden als leicht zu lösende Befestigung eines Trageriemens interpretiert (Stoll 1940).

32 Grab 48.

Die Lederscheide des Langsaxes aus Rommelshausen war mit einer bronzenen Mundzwinge beschlagen. Zudem bedeckten den gesamten Scheidensaum kleine dreieckige Bronzebleche und zahlreiche runde Zierniete aus Bronze (**Tafel 2, D**). Der einzige Scheidenbeschlag des Langsaxes aus Ehring besteht dagegen aus einem bügelförmig gebogenem Ortband aus Silber (**Tafel 1, E**). Aus dem Grab 38 vom Frauenberg bei Sondershausen sind von der Schauseite einer Prunksaxscheide Mund- und Ortband aus je einem breiten Silberblech sowie zahlreiche kleine silberne Perlrandniete und große Silberniete mit Kerbdrahtfassung überliefert (**Tafel 2, E**). Zu den schauseitigen silbernen Scheidenbeschlägen eines Exemplars aus Grab 2 von Dürbheim zählen ein kappenförmiges Ortband, ein flechtbandverziertes Mundblech und drei gleichsam dekorierte Scheidenbänder sowie eine große Anzahl von Ziernieten (**Tafel 1, E** u. **Tafel 2, G**). Aus feuervergoldeter Bronze ist wiederum die Scheidengarnitur eines prunkvollen Langsaxes aus Grab 2 von St. Jakob bei Polling gefertigt (**Tafel 1, G** u. **Tafel 2, F**). Die Mundzwinge ist mit Flechtbandverzierung, das Ortband mit Ornamenten im Tierstil II dekoriert. Beide Beschlagteile waren mit mehreren kleinen, in einem Stück gegossenen Perlrandnieten befestigt. Ebenfalls verziert mit Dreierwirbeln aus Tierköpfen sind die fünf hohen Hohlniete mit Perlrand.

Wie erhaltene Lederreste belegen, konnten bei Saxscheiden nicht nur die Metallbeschläge sondern auch die Lederoberfläche selbst dekoriert sein. Nachweislich kamen zur Verzierung der Schauseite unterschiedliche Techniken zum Einsatz. Bei mehren in das 7. Jahrhundert datierenden Funden wurde das Muster von hinten aus dem vermutlich feuchten Leder mit Hilfe eines Models oder stumpfen Werkzeugs herausgepresst („Pressleder"). Deutlich zu erkennen ist dies bei einer Saxscheide aus Feschel (CH) sowie bei der oben erwähnten Messerscheide aus dem Klerikergrab von St. Ulrich und Afra (**Bd. 1/ Tafel S. 39 D**). Vermutlich wurden auch die verzierten Lederfragmente aus Grab 4 von Pfahlheim und Grab 3a von Niederstotzingen auf diese Weise gearbeitet. Dagegen sind die Ornamente der Scheide des Saxes aus Grab 2 von Tuggen (CH), der ebenfalls in die erste Hälfte des 7. Jahrhunderts datiert, in die feste Lederoberfläche eingeschnitten worden („Kerbschnittverzierung"). Die bildlichen Darstellungen auf dem Zierblech von Gutenstein und möglicherweise auch dem Bildstein von Niederdollendorf scheinen eine Verzierung des Saxscheidenleders zu bestätigen. Hinweise auf eine etwaige Färbung des Leders liegen hingegen nicht vor. Da die entsprechenden Techniken zum Lederfärben jedoch bereits in der Antike Anwendung fanden, ist generell davon auszugehen, dass auch im Frühmittelalter weiterhin von dieser Möglichkeit Gebrauch gemacht wurde.

Entwicklung

Im Folgenden soll die Entwicklung der merowingerzeitlichen Saxtypen kurz beschrieben und anhand einiger Beispiele veranschaulicht werden.

Einschneidige Schwerter waren im germanischen Kulturkreis schon seit der Vorrömischen Eisenzeit bekannt, kamen auf dem Kontinent jedoch bereits zur frühen Römischen Kaiserzeit wieder außer Gebrauch. Auch bestanden ihre Griffe aus zwei mit der Angel vernieteten Griffschalen und nicht aus einer aufgeschobenen Hilze. Aufgrund ihrer unterschiedlichen Griffkonstruktion und der zeitlichen Lücke zwischen ihrem Verschwinden und dem Auftauchen der ersten Saxe zur Völkerwanderungszeit, können sie nicht als die Vorläufer letzterer angesehen werden.

Schmalsaxe

Ab dem späten 4. Jahrhundert treten auch in Mitteleuropa einschneidige Schwertwaffen steppennomadischen Ursprungs mit langen schmalen Klingen in Erscheinung, die am treffendsten als „lange Schmalsaxe[33]" angesprochen werden. So ist zum Beispiel in der hunnischen Grablege von Altlußheim aus der ersten Hälfte des 5. Jahrhunderts neben dem bereits erwähnten zweischneidigen Schwert pontisch/asiatischen Typs (**Bd. 2 / Tafel 11, B**) auch ein solcher Sax mit einer ursprünglichen Gesamtlänge[34] von etwa 70 cm überliefert. Damit stellt er ein ausgesprochen langes Exemplar dar, da sich die Länge der meisten Waffen dieser Gruppe zwischen 40 und 50 cm bewegt. Lange Schmalsaxe (**Abb. 12, 1**) sind auch aus einigen reicher ausgestatteten Gräbern des merowingischen Kulturkreises der Childerich- und Chlodwigzeit erhalten. Ob es sich hierbei um donauländische Importe oder lediglich um heimische Nachahmungen derselben handelt, entzieht sich jedoch unserer Kenntnis. Hinsichtlich Größe und Proportionen weisen die Waffen dieser Gruppe allerdings erhebliche Unterschiede auf, sind es doch Stücke, die individuell für einzelne Krieger von höherem Rang gefertigt wurden. Dabei kann die Länge der Klinge zwischen 30 und 65,3 cm, ihre Breite wiederum zwischen 1,9 und 3,4 cm betragen. Die meisten Exemplare messen in ihrer erhaltenen Gesamtlänge jedoch 40 bis 60 cm mit einer Klingenbreite um die 3 cm.

Als längste Waffe dieser Art kann der Sax aus Grab 515 des alamannischen Gräberfeldes von Weingarten mit einer Gesamtlänge von 78,6 cm gelten. Davon entfallen 65,3 auf das 3 cm breite Klingenblatt. Als weitere Beispiele für größere Ausführungen können die Saxe aus dem thüringischen Granschütz (**Abb. 6, 1**) und dem gallischen Pouan-les-Vallées[35] (F) (**Tafel 2, A**) gelten, deren Klingen in der Länge 59,6 cm, beziehungsweise 60,2 cm messen. Recht breit fällt dagegen die Klinge eines Exemplars aus Langeneichstätt mit 3,4 cm aus. Ein recht zierlicher Vertreter ist wiederum der schmale Sax aus Grab 319b von Lavoye (F) mit einer Klingenlänge von ungefähr 30 cm und einer Breite von nur 1,9 cm (**Abb. 9, 2**). Das aus Grab 106a von Westheim überlieferte Exemplar fällt hingegen durch seine außergewöhnliche doppelt gekrümmte Klingenform auf (**Abb. 6, 2**). Es scheint, dass die Länge der langen Schmalsaxe gegen Ende deren Laufzeit abnimmt, bevor diese schließlich im ersten

33 *Westphal 2004, S. 541 u. Wernard 1998, S. 772. Der in der Fachliteratur ebenfalls häufig verwendete Begriff „schmaler Langsax" erscheint aufgrund der Abgrenzung zu den Langsaxen des 7. u. 8. Jahrhunderts dagegen eher ungeeignet und wird daher in diesem Buch vermieden.*

34 *Bezieht sich in diesem Fall auf Klinge einschließlich Griffangel.*

35 *Ethnische Zuordnung aufgrund der Zeitstellung wahrscheinlich westgotisch, möglicherweiser aber auch schon fränkisch.*

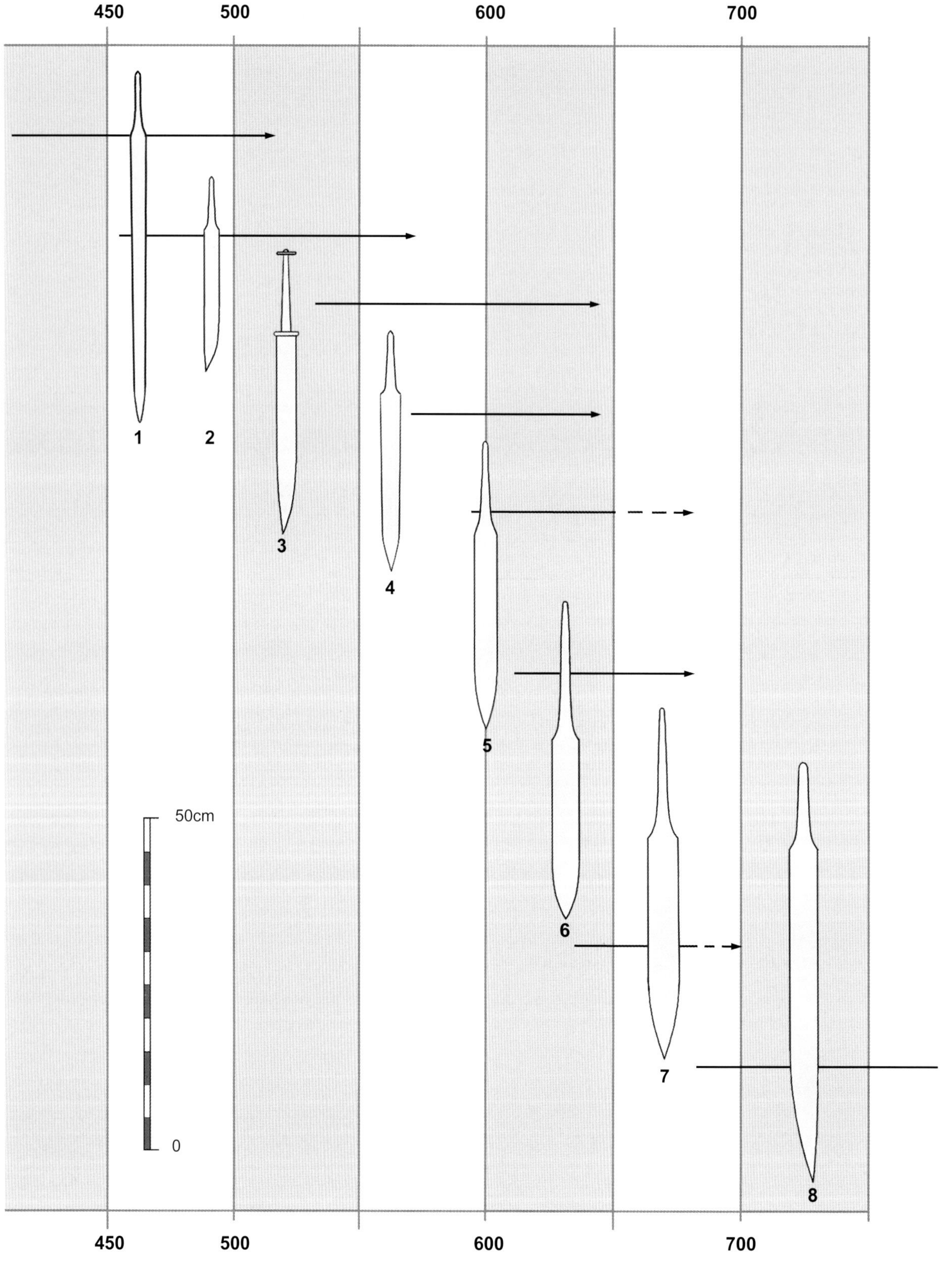

Abb. 12: **Entwicklung der Saxtypen**
1 langer Schmalsax, 2 kurzer Schmalsax, 3 Schmalsax I, 4 Schmalsax II, 5 leichter Breitsax, 6 kurzer Breitsax, 7 schwerer Breitsax, 8 Langsax

Viertel des 6. Jahrhunderts ganz außer Gebrauch kommen. So beträgt die erhaltene Gesamtlänge des Exemplars aus Planig aus dem frühen 6. Jahrhundert auch nur noch 39 cm (**Bd. 1 / Tafel S. 29**).

Soweit nachweisbar, steckten die langen Saxe in zum Teil mit Edelmetall oder Cloisonné beschlagenen Holzscheiden, die vermutlich auch mit Leder überzogenen waren.

In alamannischen und auch thüringischen Grablegen, wie zum Beispiel in Granschütz, tritt der lange Schmalsax zuweilen als einzige Schwertwaffe auf, während er in den reicher ausgestatteten fränkischen Spathagräbern dagegen immer als leichte Zusatzwaffe erscheint. Hier ist er in der Regel mit Goldgriffspathen vergesellschaftet, wie bei den oben erwähnten Gräbern von Pouan und Lavoye sowie auch bei Grab 63 des alamannischen Friedhofs von Basel-Kleinhüningen (CH). Aufgrund ihrer Seltenheit sind diese schlanken, langen Saxe in allen Fällen als Statussymbole zu verstehen, die eine herausgehobene Stellung des Trägers andeuten[36]. Vermutlich dienten sie hauptsächlich als Hieb- und Stichwaffen in der Art von leichten Reitersäbeln östlicher Herkunft[37].

Daneben treten in der zweiten Hälfte des 5. Jahrhunderts aber auch kurze Schmalsaxe[38] in merowingischen Gräbern auf, die sich durch Klingen von etwa 20 bis 25 cm Länge[39] und 2,4 bis 3,9 cm Breite auszeichnen, deren Ort zwischen Rücken- und Mittelinie liegt (**Abb. 12, 2**). Eine deutliche Abgrenzung zu den großen Messern ist dabei nicht immer möglich, da der Übergang zwischen den beiden Objektgruppen fließend erscheint.

Die Scheiden entsprechen hinsichtlich Konstruktion und Edelmetallbeschlag denen der zeitgleichen langen Saxe. Daher ist auch nicht zu ermitteln, ob es sich bei der vergangenen Seitenwaffe aus dem Childerichgrab von Tournai (B) um einen langen oder kurzen Schmalsax handelt, da nur die cloisonnierten Scheidenbeschläge überliefert sind. Da die beiden Randbeschläge, die wohl als Riemenbefestigung der Zweipunktaufhängung dienten, allerdings mit dem Mundblech, beziehungsweise mit dem Ortband verbunden sind, liegt die Vermutung nahe, dass die Scheide doch relativ kurz war (**Bd. 1 / Tafel S. 13**). Die Gleichartigkeit der Scheiden könnte ein Hinweis dafür sein, dass die kurzen Schmalsaxe aus den langen hervorgegangen sind. Andrerseits müssen die spätantiken nordgermanischen Kampfmesser als Ursprung in Betracht gezogen werden, da sie gerade mit den frühen kürzeren Saxen eine große Ähnlichkeit aufweisen[40]. Möglicherweise haben hier sowohl östlich-reiternomadische als auch nordische Einflüsse die Entwicklung mitgeprägt.

Der kurze Sax stellt prinzipiell eine zusätzliche, mit der Spatha vergesellschaftete Klingenwaffe dar. Als Beispiel sei das Exemplar aus Grab 1782 von Krefeld-Gellep aus dem ersten Viertel des 6. Jahrhunderts angeführt (**Bd. 1 / Tafel S. 37**). Seine erhaltene Länge beträgt 28,8 cm und es steckt in einer Holzscheide mit u-förmigem Ortband aus Silber. Dazu gehört auch ein kleines Beimesser mit einer Goldblechhülse als Griffabschluss.

Im dritten Viertel des 6. Jahrhunderts wird der kurze Schmalsax schließlich von neueren Formen abgelöst, von denen die eine bereits kurz vor der Jahrhundertmitte in Erscheinung tritt. Es handelt sich dabei um einen Sax mit 27 bis 37cm langer und 2,8 bis 4 cm breiter Klinge, dessen Ort in oder nahe der Rückenlinie liegt (**Abb. 12, 3**). Auch als „Schmalsax I" angesprochen[41], zeichnet er sich durch eine durchgehende, bis zu 15 cm lange Griffangel aus, die über einer abschließenden eisernen Knaufplatte oder seltener einem Knauf vernietetet ist. Auf die rechtwinkelig abgehenden Klingenschultern ist zudem regelhaft eine eiserne Griffplatte aufgeschoben, die dem Querschnitt der Handhabe entspricht. Daher ist im Falle einer vollständig erhaltenen Klinge bei dieser Variante ausnahmsweise die tatsächliche ursprüngliche Gesamtlänge der Waffe zu erkennen, die im Durchschnitt bei etwa 40 cm liegt. Typisch sind auch parallel zum Klingenrücken verlaufende Riefen oder Riefenpaare, häufig mit dazwischenliegendem graviertem oder ziseliertem Dekor. Als Beispiele für diese Gruppe seien hier die Exemplare aus Niederstotzingen Grab 9 (**Tafel 2, B**) und Beckum Grab 18 (**Abb. 6, 3**) aufgeführt.

Bereits im dritten Viertel des 6. Jahrhunderts erscheint zudem eine neuere Variante, die auch als „Schmalsax II" bezeichnet wird (**Abb. 12, 4**). Ihre Klingendimensionen bewegen sich in den gleichen Grenzen wie bei dem Schmalsax I, wobei das Blatt allerdings tendenziell etwas breiter und gedrungener ausfällt. Seine durchschnittlichen Maße liegen bei 29 cm Länge und 3,3 cm Breite, im Gegensatz zu 30, beziehungsweise 3,2 cm bei der Variante I. Der Ort ist in die Mittelinie der Klinge gerückt, deren Schultern in der Regel geschwungen sind. Ebenso ist ein Griff mit kurzem Angelstumpf ohne Metallplatten charakteristisch. Auch die Klinge ist mit geringerem Aufwand gestaltet: Riefendekorationen kommen nur ausnahmsweise vor, während weitere Verzierungen noch seltener sind.

Die Scheiden von Schmalsax I und II waren zunächst noch aus Holz, später bereits, soweit nachvollziehbar, aus gefaltetem Leder. Beide Varianten sind in Gräbern häufig mit einer Spatha vergesellschaftet, können jedoch auch als einzige Seitenwaffe eines Grabinventars auftreten. In der ersten Hälfte des7. Jahrhunderts kommen sie schließlich außer Gebrauch.

Gemäß Gregor von Tours wurde der Schmalsax, der bei ihm „*culter*" heißt, hauptsächlich als Stichwaffe eingesetzt. Er ist jedoch in all seinen Ausführungen, die recht einheitlich eine maximale Klingenstärke von 5 bis 6 mm aufweisen, ebenso zum Schnitt und Hieb geeignet.

Breitsaxe

Gegen Ende des 6. Jahrhunderts kommt ein neuer, breiterer Typ auf, der als Breitsax bezeichnet wird. Seine 26 bis 46 cm lange Klinge mit mittigem Ort hat eine Breite von 4 bis knapp 6 cm und eine maximale Stärke von 5 bis 10 mm. Dabei sind zwei Entwicklungsphasen zu beobachten: Die erste stellt der sogenannte leichte Breitsax dar, mit einem durchschnittlich 30,6 cm langen Klingenblatt, dessen Breite 4 bis 4,5 cm beträgt (**Abb. 12, 5**). Dieser wird zunehmend massiver und entwickelt sich im zweiten Viertel des 7. Jahrhunderts zum schweren Breitsax, dessen durchschnittlich 35,5 cm langes Blatt jetzt über 4,5 cm breit ist (**Abb. 12, 7**). Die Griffangel erreicht dabei nicht selten eine Länge von 25 cm, was eine durchschnittliche Gesamtlänge von über 50 cm zur Folge hat. Bei Klingenbreiten von 6 cm und Angellängen von über 25 cm scheint jedoch ein Umkehrpunkt in der Entwicklung erreicht, sodass die Klingen wieder schlanker aber dafür länger werden und die Länge der Griffangeln abnimmt. Zudem geht aus dem leich-

36 *Wernard 1998, S. 773.*

37 *Kiss 2014, S. 146.*

38 *In der Fachliteratur meist als „Kurzsaxe" bezeichnet, z. B.: Reiß 1994, Wernard 1998 u. Westphal 2004.*

39 *Einige Autoren setzen die Untergrenze der Klingenlänge bei 18 cm an, so Wernard 1998, S. 774.*

40 *Wernard 1998, S. 774.*

41 *Westphal 2004.*

ten Breitsax bereits im frühen 7. Jahrhundert eine weitere Variante hervor, die sich durch eine kurze Klinge von unter 30 cm Länge aber über 4,5 cm Breite auszeichnet und daher auch als „kurzer Breitsax" angesprochen wird[42] (**Abb. 12, 6**). Charakteristisch ist ebenso eine betont lange Griffangel, die die Länge des Blattes erreichen kann.

Die Klingen der Breitsaxe sind mit Riefen oder im Querschnitt rechteckigen Kehlen versehen. Einige tragen auch Inschriften. Flechtbandverzierungen sind dagegen eher selten. Der hölzerne Griff kann mit Metall beschlagen sein, zumeist in Gestalt eines eisernen Hilzenrings im Schulterbereich oder ausnahmsweise auch eines Metallknaufs. Die gefaltete Lederscheide ist häufig mit aufwändigem Metallbeschlag aus Buntmetall oder Silber dekoriert, meist in Form von Ziernieten oder teilweise auch eines Mundblechs oder Ortbandes.

Mit dem Aufkommen der Breitsaxe erreicht der Sax seine weiteste Verbreitung und wird zur Regelausstattung bei Franken, Alamannen und Bajuwaren, wo er die Streitaxt als Seitenwaffe ablöst. Während er von ranghöheren Kriegern in Kombination mit der Spatha getragen wird, stellt er für die einfachen Gefolgsleute oft die einzige Schwertwaffe dar.

Bei dem Breitsax handelt es sich, gerade in seinen massiveren Ausführungen, jetzt primär um eine Hiebwaffe. In diesem Zusammenhang sei noch einmal auf die Bedeutung der überlangen Griffe eingegangen, die in der Forschung nicht unumstritten ist. Gemäß einer Lehrmeinung, dienen sie dem Zweck der Gewichtsersparnis. Demnach soll die Klingenlänge zugunsten der Griffangel reduziert worden sein, damit die Waffe insgesamt leichter wird[43]. Diese Erklärung wird aber vor allem deshalb angezweifelt, weil in der Entwicklung die Verlängerung der Griffangel offenbar mit der Verlängerung der Klinge einhergeht. Stattdessen sollen Griffe über 20 cm Länge für eine vergrößerte Reichweite und vor allem zum beidhändigen Führen der Waffe konzipiert worden sein, um der schwereren wuchtigen Klinge mehr Durchschlagskraft zu verleihen[44].

Hierzu ist anzumerken, dass ein zweihändiger Einsatz höchsten im alltäglichen Gebrauch, aber keinesfalls im Gefecht in Frage kommt, da beim Kampf mit einer Waffe von der limitierten Reichweite eines Saxes auf den Schild als meist einzigen Schutz nicht verzichtet werden kann. Tatsache ist dagegen, dass sich mit einem längeren Griff die Gesamtlänge und damit die Reichweite des Saxes bei proportional geringerer Gewichtszunahme vergrößert als dies bei einer Verlängerung des Klingenblattes der Fall wäre (**Abb. 13**). Dabei würde sich der Gewichtsunterschied umso mehr bemerkbar machen, je breiter und stärker die Klinge ist. Zudem verschiebt sich durch die Griffverlängerung der Schwerpunkt der Waffe weiter zur Spitze hin, was ihr beim Hieb mehr Schwung verleiht.

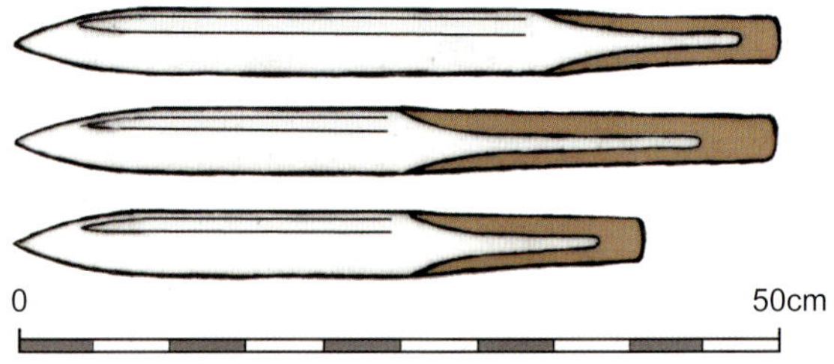

Abb. 13: **Prinzip der Griffverlängerung**

Als Beispiel für die leichten Breitsaxe sei hier das insgesamt 54 cm lange Exemplar aus dem Grab 6 von Niederstotzingen aufgeführt, dass mit einer Klingenbreite von 4,4 schon einen recht breiten Vertreter dieser Gruppe darstellt (**Tafel S. 7**. Gerade noch in die Kategorie der kurzen Breitsaxe fällt wiederum die Waffe aus Grab 37 von Oberflacht mit einer knapp unter 30 cm langen aber 4,9 cm breiten Klinge, wobei die Angellänge dieses sehr frühen Exemplars lediglich 13 cm beträgt (**Tafel 2, C**). Ein passender Vertreter der schweren Breitsaxe ist das Stück aus Grab 9 von Herrsching am Ammersee mit seiner silberbeschlagenen Scheide, dessen Klingenblatt in der Länge 40,6 cm und in der Breite 4,8 cm misst (**Bd. 2 / Tafel S. 61**). Ebenso gehört das Exemplar aus Altdorf (CH) mit einer Klingenbreite von 5,4 cm zu dieser Gruppe (**Tafel S. 55**). Als besonders massive Ausführung kann dagegen der noch 711 g wiegende im MVF-Berlin aufbewahrte Sax unbekannten Fundorts gelten[45], dessen riefenverzierte 41,6 cm lange Klinge beachtliche 5,9 cm breit und etwa 5 mm stark ist (**Abb. 6, 4**).

Langsax

Im letzten Viertel des 7. Jahrhunderts erscheint dann eine Saxform, die sich durch eine längere aber dafür etwas schmalere Klinge auszeichnet und als Langsax bekannt ist (**Abb. 12, 8**). Das über 46 cm lange Blatt ist jetzt nur noch zwischen 3,8 und 4,8 cm breit und kann zwischen 5 und 11 mm stark sein. Sein Ort liegt zunächst mittig, bewegt sich dann aber in Richtung Schneidenlinie bis er diese im Laufe des 8. Jahrhunderts erreicht. Parallel zur Rückenlinie verlaufen zudem Riefen, zwischen denen eine flache Kehle eingetieft sein kann. Ob dieser Typ aber aus dem schweren Breitsax hervorgegangen ist, oder ob es sich bei ihm um eine

42 *Müssemeier u. a. 2003, S.40.*

43 *Hübener 1988, S. 232f.*

44 *Wernard 1998, S. 760f.*

45 *Inv.Nr. BD 1022.*

A langer Schmalsax mit Goldgriff u. verzierter Holz-Lederscheide, FO: Pouan (F), GL. 75,6 cm, Dat.: 3. Viertel 5. Jh.

B Schmalsax I mit Lederscheide, Beschläge Silber u. silbertauschiertes Eisen, FO: Niederstotzingen Grab 9 (Punzmuster gem. FO Pfahlheim), Dat.: Ende 6. Jh.

C kurzer Breitsax mit bronzebeschlagener Lederscheide, FO: Oberflacht Grab 37, KBr. 4,9 cm, Dat.: um 600

D Langsax mit bronzebeschlagener Lederscheide, FO: Rommelshausen (Kerbschnittverzierung gem. FO Tuggen), Dat.: um 700

E Langsax mit silberbeschlagener Lederscheide, FO: Sondershausen/Frauenberg Grab 38, KBr. 4,5 cm, Dat.: 1. Viertel 8. Jh.

F Langsax mit Lederscheide, Beschläge aus feuervergoldeter Bronze, FO: St. Jakob bei Polling Grab 2 (Pressmuster gem. FO Feschel), KL. 70,3 cm, Dat.: um 700

G Langsax mit silberbeschlagener Lederscheide u. 2 silbernen Riemenzungen, FO: Dürbheim Grab 2, Dat.: 1. Viertel 8. Jh.

Bei den Saxen **C** bis **G** ist die Rekonstruktion der Handhaben hypothetisch, da weder Holzart noch ursprüngliche Länge überliefert sind. Ebenso ist die Auswahl der Lederfarben willkürlich.

Tafel 2: **Saxe und Saxscheiden**

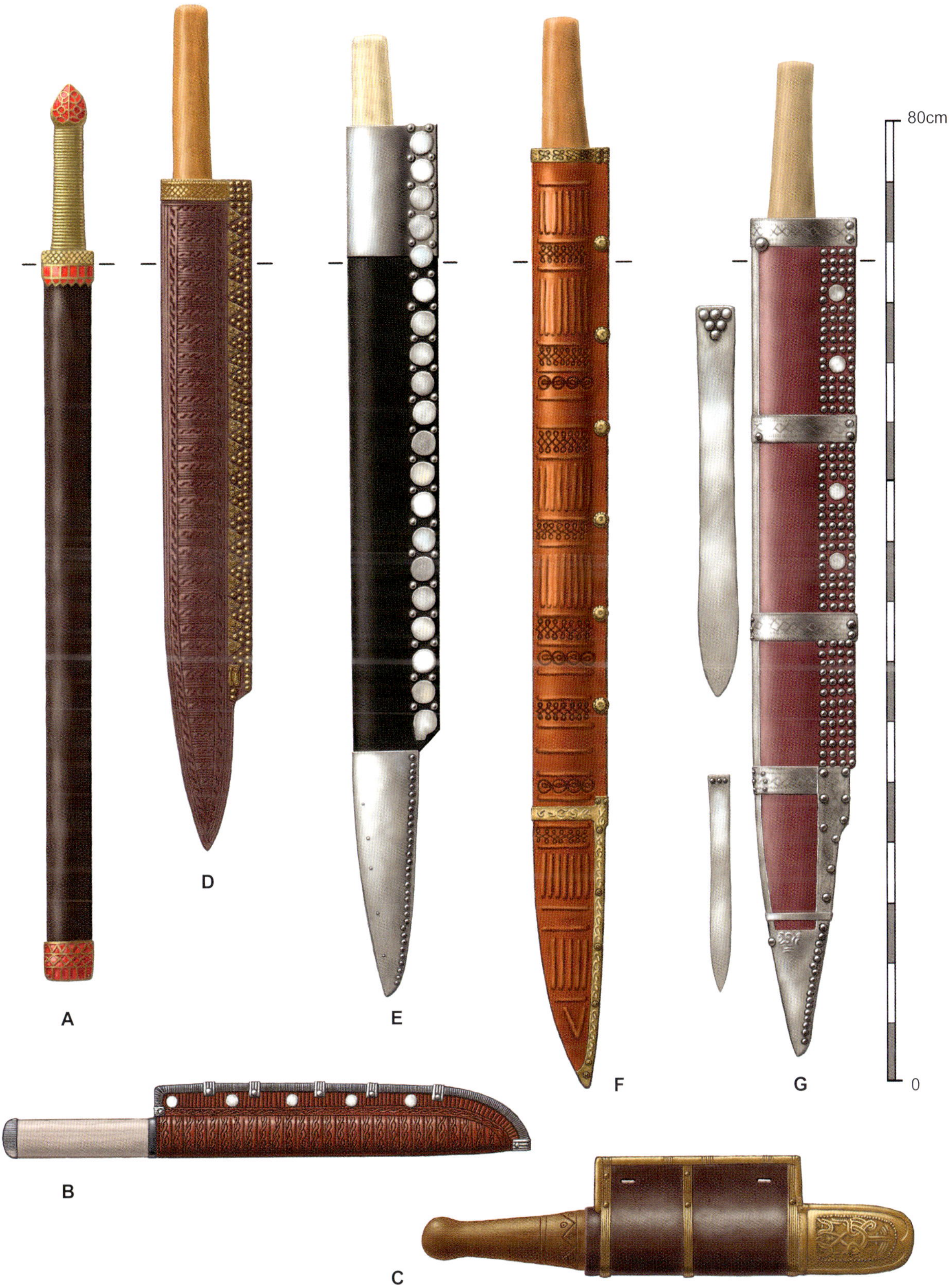

Austrasischer Krieger, Unstrut 641 n. Chr.

Nach der Niederlage gegen Samo ernannte König Dagobert Radulf zum Herzog von Thüringen, um dort die Grenzsicherung gegen die Slawen zu übernehmen, die eine latente Bedrohung für den östlichen Teil des Reiches darstellten. Dieser konnte sich erfolgreich gegen die benachbarten Slawenstämme durchsetzten und regierte in seinem Herzogtum fast wie ein autonomer König. Daher kam es nach dem Tode Dagoberts zum Konflikt zwischen Radulf und den Mächtigen des austrasischen Teilreiches. Auf Betreiben des Herzogs Adalgisel und anderer einflussreicher Austrasier zog 641 das ostfränkische Reichsheer mit dem neunjährigen noch unmündigen Kindkönig Sigibert III. gegen den Thüringerherzog zu Felde. Als die königlichen Truppen, die auf dem Vormarsch Radulfs Verbündeten Fara besiegt hatten, über Rhön und Vogelsberg gegen Thüringen vorrückten, verschanzte sich Radulf an der Unstrut. Nach erfolgloser Belagerung und missglücktem Angriff auf die Festung musste das Heer Sigiberts schließlich unverrichteter Dinge wieder abziehen.

Die Illustration zeigt einen Krieger des Belagerungsheeres, wie er sich im Feldlager auf den ereignisreichen Tag vorbereitet. Im Hintergrund ist die nach slawischem Vorbild aus Holz konstruierte Radulfsburg zu sehen. Die Interpretation des Mannes basiert auf dem bekannten fränkischen Grabstein von Niederdollendorf aus dem frühen 7. Jahrhundert. Auf dessen Vorderseite ist eine männliche Gestalt abgebildet, die an ihrer linken Seite einen Breitsax trägt und sich mit einem einreihigen Kamm durch das Haar fährt. Zu ihren Füßen steht eine runde Feldflasche.

Unser Franke ist demgemäß mit einer knielangen, langärmeligen Tunika mit senkrechten Zierstreifen (*clavi*) und einem Paar engen Hosen mit angesetzten Fußteilen bekleidet. Um die Hüfte hat er seinen mehrteilig beschlagenen Saxgurt geschnallt (FO: Donzdorf Grab 80). Dessen Garnitur besteht aus einer Eisenschnalle mit silberplattierter und messingtauschierter eiserner Beschlagplatte mit Messingnieten, entsprechendem Gegen- und Rückenbeschlag, sowie drei aus Bronze gegossenen Ösenbeschlägen, von denen zwei als Aufhängung für den Breitsax dienen. Dieser ist nicht nach einem Originalfund rekonstruiert, sondern stellt eine zeitgetreue Idealrekonstruktion in Anlehnung an die Darstellung auf dem Bildstein dar. Demgemäß steckt er in einer pressverzierten Lederscheide, die mit mehreren Flachnieten mit Drei-Lochdekor beschlagen ist und auch einen Teil des Holzgriffes umschließt. Der Saxgriff ist wiederum mit einem schauseitigen halbkugeligen Zierniet aus Bronze beschlagen. Die hölzerne Feldflasche, die auf dem Boden steht, basiert auf einen Fund aus Altdorf (CH).

Es ist zwar bekannt, dass das Fränkische Heer zur Merowingerzeit über Zelte verfügte, aber nicht, inwieweit diese bei der Truppe tatsächlich verbreitet waren. Da auch keine Informationen hinsichtlich Form, Größe oder Materialbeschaffenheit etwaiger Zelte vorliegen, ist hier alternativ eine behelfsmäßige Feldunterkunft aus verfügbaren Naturmaterialien als Lagerstatt des Frankenkriegers dargestellt. Seine militärische Ausrüstung ist sinngemäß ergänzt. Sie besteht vornehmlich aus der an den Windschutz gelehnten schweren Stoßlanze (FO: Donzdorf Grab 75) sowie einem Rundschild mit kuppelförmigem Schildbuckel und kurzer Schildfessel ohne verlängerte Fesselarme (FO: Donzdorf Grab 65). Der Griff ist zur Polsterung mit einem Stück Stoff und einem Lederstreifen umwickelt. Auf dem Mantel (*sagum*), der auch als Schlafdecke dient, ist zudem eine Spatha abgelegt (FO: Donzdorf Grab 80). Die einseitig mit Holz belegten Querstücke des Griffes sowie der flach-dreieckige Knaufkopf sind aus silbertauschiertem Eisen. Um die Holzscheide mit durchgehendem Textilbezug, hölzernem Riemenbügel, zwei Paar bronzenen Scheidenrandbeschlägen und Kordelumwicklung am Scheidenmund ist das zweiteilige Wehrgehänge mit bronzener Beschlaggarnitur geschlungen. Die zum Trocknen aufgehängten einfachen Lederschuhe entsprechen einem Fund aus Oseberg (N).

Eiserne Schildfessel mit Textil- und Lederumwickelung, FO: Donzdorf Grab 65, L. 18,2 cm

Neuentwicklung des späten 7. Jahrhunderts handelt, welche die Breitsaxe schließlich verdrängt, lässt sich anhand des vorliegenden Fundmaterials bislang nicht eindeutig klären[46].

Die durchschnittliche Klingenblattlänge beträgt bei den älteren Langsaxen noch 49,6 cm, bei den jüngeren dagegen schon 51,9 cm, während eine konstante Durchschnittsbreite von 4,2 cm zu verzeichnen ist. Dabei erreichen einige Exemplare durchaus die Länge zeitgleicher Spathen. So hat der insgesamt 89,5 cm lange Sax aus Grab 2 von Jesenwang ein 65 cm langes Klingenblatt von 4,4 cm Breite und 6 mm Stärke (**Abb. 6, 5**). Aus St. Jakob bei Polling ist sogar ein Exemplar mit einer Blattlänge von 70,3 cm überliefert (**Tafel 2, F**). Durch die veränderten Proportionen der Klinge hat sich der Sax jetzt zu einer für Hieb und Stoß gleichsam geeigneten Schwertwaffe entwickelt.

Aus dem in der Zeit vom Ende des 7. Jahrhunderts bis um 800 angelegten Grab 160 von Haltern-Flaesheim ist wiederum ein Langsax mit einer Klingenblattlänge von ungefähr 52 cm erhalten, der aus einer damaszierten Spathaklinge umgearbeitet wurde. Da ihm der typische breite Klingenrücken fehlt, dürfte es ihm allerdings an der für Langsaxe üblichen Durchschlagskraft gemangelt haben[47].

Die Griffangeln der Langsaxe sind nicht mehr so lang wie die der schweren Breitsaxe, was jedoch nicht zwangsläufig bedeuten muss, dass auch die Griffe wesentlich kürzer waren. Bei dem bereits erwähnten Exemplar aus Jesenwang ist zum Beispiel das hölzerne Griffstück in seiner vollen Länge von 24,5 cm erhalten, während die Griffangel lediglich 16 cm misst. Inwieweit diese Relation von Angellänge zu Grifflänge bei Langsaxen allerdings als regelhaft zu betrachten ist, lässt sich aufgrund mangelnder weiterer Funde bedauerlicherweise nicht feststellen. Dagegen sind die fünf feuervergoldeten silbernen Hilzenringe, die den Griff zieren, eindeutig als Ausnahme anzusehen.

Die Lederscheiden der Langsaxe entsprechen in der Konstruktion denen der Breitsaxe, sind aber in der Regel schlichter gehalten. Der Metallbeschlag beschränkt sich meist auf rückseitig angebrachte paarige Riemenbügel aus Eisen und unverzierte Niete entlang der Saumkante. Gerade aus dem alamannischen und bajuwarischen Raum sind aber daneben aus reich ausgestatteten Gräbern auch prunkvolle Saxscheiden überliefert, die kostbare Zierbeschläge aus Edelmetall aufweisen. Dazu gehören die Scheide des Saxes aus Grab 2 des alamannischen Separatfriedhofs von Dürbheim (**Tafel 1, G** u. **Tafel 2, G**) mit ihren zahlreichen flechtbandverzierten Silberbeschlägen und die aus dem bajuwarischen Kriegergrab von St. Jakob (**Tafel 1, F** u. **Tafel 2, F**), deren Beschläge aus feuervergoldeter Bronze bestehen. Der in Thüringen gefundene Langsax mit silberbeschlagener Prunkscheide aus Grab 38 vom Frauenberg bei Sondershausen stellt dagegen eine Ausnahme dar[48] (**Tafel 2, E**).

Obwohl der Langsax in Grabinventaren des Öfteren noch mit einer Spatha vergesellschaftet ist, wird mit seinem Aufkommen die Sitte der doppelten Schwertbewaffnung eigentlich aufgegeben. Dass er jetzt auch bei ranghohen Kriegern die Spatha als Seitenwaffe ersetzen kann, ist am Beispiel der Inventare von Dürbheim, Jesenwang und Polling sowie aus Grab 54 des alamannischen Gräberfeldes von Kirchheim am Ries (**Tafel S. 75**) ersichtlich. Dagegen umfasst die Ausstattung des Kriegergrabes von Sondershausen sowohl Sax als auch Spatha. Außer den beiden Schwertwaffen waren dem Toten unter anderem neben einem Schild aber auch zwei Lanzen beigegeben, womit er im Grab eindeutig überbewaffnet ist. Möglicherweise wurden die beiden Schwerter von ihm zu Lebzeiten gar nicht zusammen getragen, sondern gehörten ursprünglich zu zwei alternativen Waffensätzen.

Ob der Langsax weiterhin am Gürtel getragen wurde, oder ob er in den Fällen, wo er den Platz der Spatha einnahm, wie diese an einem separaten Wehrgehänge hing, entzieht sich unserer genauen Kenntnis. Das liegt daran, dass seit dem ausgehenden 7. Jahrhundert Gürtel-, beziehungsweise Wehrgehängegarnituren nur noch aus einer Schnalle und eventuell einer Riemenzunge bestehen. Eine eigenwillige Modeerscheinung stellen dabei die überlangen Riemenzungen dar, die uns in dieser Endphase der Merowingerzeit begegnen. Zwei unterschiedlich große Exemplare aus Silber wurden zum Beispiel zusammen mit dem Prunksax von Dürbheim gefunden, wobei das größere eine beachtliche Länge von 32 cm aufweist (**Tafel 2, G**). Es ist allerdings unklar, ob die beiden Riemenzungen nebst zugehörigen Schnallen von zwei verschiedenen Garnituren stammen, die jeweils einen Leibgürtel und ein separates Wehrgehänge zierten, oder alle Teile eines einzigen zweiteiligen Gurtsystems, bestehend aus Haupt- und Schleppriemen, waren. Ebenso wenig aufschlussreich erscheinen die zwei eisernen Schnallen, die beide in der Beckengegend des Kriegers aus Grab 54 von Kirchheim am Ries gefunden wurden. Zwar kann die größere samt zugehöriger Riemenzunge mit ziemlicher Sicherheit dem Leibgürtel zugeordnet werden (**Tafel S. 75**), jedoch könnte das kleinere Exemplar mit rechteckiger Beschlagplatte sowohl zum Schließen eines separaten Schwertriemens als auch eines einfachen Hosengürtels gedient haben. Bedauerlicherweise kann nicht einmal die einzig verfügbare Bildquelle, die Darstellung des Saxträgers aus dem Stuttgarter Psalter (**Abb. 1**), die Frage nach der Art der Gürtung eindeutig beantworten. Es ist jedoch gut vorstellbar, dass auch der Langsax weiterhin permanent am Gürtel getragen wurde.

Ab der Mitte des 8. Jahrhunderts verliert der Sax im Frankenreich dann als Waffe an Bedeutung, bleibt aber noch bis in das 9. Jahrhundert hinein in Gebrauch.

Abschließend sei noch darauf hingewiesen, dass unerheblich welches Einteilungsschema man zu Grunde legt, sich immer einzelne Saxe finden, die außerhalb der definierten Typengrenzen liegen. Neben den schon vorgestellten Exemplaren aus Bassecourt und Grab 791 von Weingarten, die aufgrund ihrer Griffkonstruktion aus dem Rahmen fallen, kann als Beispiel für eine Hybridform der ebenfalls bereits erwähnte Sax aus Grab 48 von Lausanne-Bel-Air aufgeführt werden (**Abb. 4**). Dieser entspricht mit seiner 33,4 cm langen und 4,5 cm breiten Klinge größenmäßig zwar eindeutig einem Breitsax, wäre aber gemäß seiner Griffkonstruktion sowie der Form und dem Dekor seiner Klinge vom Typ her eigentlich als Schmalsax I einzuordnen.

46 *Wernard 1998, S. 779.*

47 *Weitere Langsaxe aus umgearbeiteten Spathen: FO Oberdischingen u. FO Dirlewang b. Mindelheim, Grab 34.*

48 *Tomuschat 2013, S. 100.*

STREIT- UND WURFAXT

Zu den gefürchtetsten Angriffswaffen des fränkischen Kriegers zählten während der Älteren Merowingerzeit diverse Streit- und Wurfäxte. Ursprünglich spielte die Axt[49] in der germanischen Bewaffnung nur eine unwesentliche Rolle. Erst in spätrömischer Zeit gewann sie dann vor allem bei den Franken an Bedeutung. Ihre Blütezeit erlebten die Beilwaffen aber im 5. und 6. Jahrhundert, bevor sie im angehenden 7. Jahrhundert weitgehend außer Gebrauch kamen. Dabei bevorzugten die Franken die neu aufgekommene Wurfaxt gegenüber den herkömmlichen, vornehmlich zum Hieb bestimmten Streitäxten. Hierzu ist jedoch anzumerken, dass auch eine Hiebaxt auf kurze Distanz effektiv geworfen werden kann, während sich eine eigens für den Wurf entwickelte Axt ebenfalls zum Hieb eignet. Der Unterschied zwischen Hieb- und Wurfaxt liegt also im Wesentlichen darin, für welchen Zweck die Waffe primär konzipiert wurde.

Üblicherweise wird die fränkische Wurfaxt in der Archäologie als „Franziska“ angesprochen. Dabei taucht der Begriff *„francisca“* in zeitgenössischen Quellen nur ein einziges Mal auf. So schreibt Isidor von Sevilla in seiner Enzyklopädie von einer nach den Franken *„francisca“* benannten Axt[50], ohne jedoch darauf einzugehen, um was für eine Art von Beilwaffe es sich genau handelt. Dass er damit die Wurfaxt meint, ist zwar durchaus möglich, aber nicht unbedingt zwingend. Ansonsten werden in den lateinischen Quellen des Frühmittelalters für die Axt nur die Begriffe *„securis“* und *„bipennis“* gebraucht, wobei beide grundsätzlich synonym verwendet werden. Allerdings bezeichnet letzterer im Lateinischen eigentlich eine zweischneidige Axt. Auch nennen die byzantinischen Chronisten Prokopios und Agathias die fränkische Axt in ihren Schilderungen „PELEKYS“, was wiederum die griechische Bezeichnung für eine doppelschneidige Axt ist[51]. Im gesamten archäologischen Fundgut der Merowingerzeit tauchen aber keinerlei Doppeläxte auf, womit ausgeschlossen werden kann, dass derartige Waffen zur fraglichen Zeit in Gebrauch waren. Offenbar greifen die Autoren in dichterischer Tradition auf althergebrachte Begriffe zurück, die jedoch im Kontext der geschilderten Ereignisse technisch inkorrekt sind.

Eindeutig von Wurfäxten spricht hingegen Sidonius Apollinaris, wenn er schreibt, dass zur Bewaffnung der Gefolgsleute des Prinzen Sigismer auch *„secures missibiles“* gehörten[52]. Von ihm erfahren wir auch, dass die fränkischen Krieger in der Lage waren, ihre schnellen *„bipennes“* ungeheuer weit zu schleudern und das anvisierte Ziel damit sicher zu treffen[53]. Prokop weiß wiederum zu berichten, dass die Äxte der im Jahre 539 in Italien eingefallenen Franken neben scharf geschliffenen Klingen auch auffällig kurze Holzstiele hatten. Über ihren Einsatz im Gefecht schreibt er weiter: „Auf ein bestimmtes Zeichen hin pflegen sie [die Franken] beim ersten Angriff diese Axt zu schleudern, um so die Schilde der Feinde zu durchschlagen und ihre Gegner zu töten.[54]“ Zudem schildert er ein Ereignis, wo die heranstürmenden Frankenkrieger zu Schlachtbeginn dem Gegner durch den Wurf ihrer Streitäxte schwerste Verluste zufügten und ihn so in die Flucht schlugen[55]. Nach Agathias wurden dagegen die fränkischen Äxte nicht nur vor der Schlacht geschärft, sondern auch im Nahkampf als tödliche Hiebwaffe gebraucht[56].

Ebenso wie der Sax war die Axt aber nicht auf den kriegsmäßigen Einsatz beschränkt, sondern dürfte auch im Alltag ständig zur Hand gewesen sein[57], wie die Schilderungen des Gregor von Tours vermuten lassen. So diente sie zum persönlichen Schutz auf Reisen[58], war eine gern gebrauchte Mordwaffe[59] und wurde zudem zum Austragen von Fehden[60] sowie für Exekutionen[61] benutzt. Von Klerikern, denen das Waffentragen ja eigentlich untersagt war, wurde sie vermutlich wegen ihres „Werkzeugcharakters“ bevorzugt[62]. Dagegen erwähnt Gregor die Axt nur insgesamt zweimal als Teil der Heeresausrüstung. Einmal ist es im Zusammenhang mit einer Waffeninspektion König Chlodwigs auf dem Märzfeld[63] und zum anderen als Bewaffnung der Truppen König Guntrams auf dem Feldzug gegen Gundowald[64]. Außerdem wird noch im Walthari-Lied die Streitaxt als Waffe des vornehmen Kriegers genannt.

Streitaxt

Die in der Merowingerzeit gebräuchlichen Streitäxte gehören zu Formengruppen, die sich bereits bis in das 4. Jahrhundert zurückverfolgen lassen. Im Laufe des 5. Jahrhunderts lösen sie schließlich die herkömmlichen Beilwaffen der späten Römischen Kaiserzeit und frühen Völkerwanderungszeit ab, die sich durch ein mehr oder weniger schmales Blatt mit heruntergezogener, nur leicht verlängerter Schneide auszeichnen. Hauptsächlich aufgrund der unterschiedlichen Ausformung der Oberkante lassen sich diese in drei Typen einteilen. Man unterscheidet Äxte mit gerader, rechtwinkelig zum Schaft verlaufender Außenkante, solche mit schwach gewölbter Oberkante und solche, deren obere Kante leicht geschwungen ist. Die leicht geschweifte Klinge letzterer erinnert bereits an die Form der Franziska. Eine Besonderheit des 4. und 5. Jahrhunderts stellen beidseitige zipfelartige Fortsätze unterhalb des Schaftloches dar. Die Mehrzahl der zu den oben beschriebenen Axttypen zählenden Funde weist allerdings keine derartigen Schaftlochlappen auf. Äxte ohne Schaftlappen mit leicht gewölbter Oberkante und stark gekrümmter Unterkante (**Abb. 14, 1**) stellen dabei nicht nur die häufigste, sondern auch die langlebigste Axtform dar, wie das in Mainz-Greiffenklaustraße gefundenen Exemplar aus der zweiten Hälfte des 5. Jahrhunderts bezeugt. Die Klingenlänge der zu den frühen Formen gehörenden Streitäxte kann zwischen 11 und 19,5 cm betragen, wobei sowohl die Grenz- als auch die Durchschnittswerte bei den einzelnen Varianten unterschiedlich ausfallen.

---

49 *Gemäß allgemeinem Sprachgebrauch ist unter „Axt“ ein langstieliges, beidhändig geführtes und unter „Beil“ ein kurzstieliges, einhändig geführtes Werkzeug zu verstehen. In der Archäologie werden dagegen Äxte von Beilen durch das Vorhandensein eines Schaftlochs abgegrenzt, unabhängig von Handhabung und Stiellänge. Als Sammelbegriff ist wiederum der Ausdruck „Beilwaffen“ gebräuchlich.*

50 *Isidor v. Sevilla: Etymologiae XVIII. 6. 9.*

51 *Prokop behauptet sogar, dass die Streitaxt „auf beiden Seiten haarscharf geschliffen“ sei (Hist. VI. 25. 4).*

52 *Sidonius: Ep. IV. 20.*

53 *Sidonius: Car. V. 209 u. 246.*

54 *Prokop: Hist. VI. 25. 4.*

55 *Prokop: Hist. VI. 25. 12.*

56 *Agathias: Hist. I. 15 u. II. 5.*

57 *Als archäologischer Beleg könnte der nur mit Axt und Sax bestatte Edelmann aus Grab 9 von St. Ulrich und Afra angeführt werden (Bd. 2 / Tafel S. 45).*

58 *Tours: HF VIII. 16.*

59 *Tours: HF II. 40, HF II. 42 u. HF VIII. 19.*

60 *Tours: HF X. 27.*

61 *Tours: HF VIII. 36.*

62 *Tours: HF VI. 36.*

63 *Tours: HF II. 27.*

64 *Tours: GM 104.*

Typen

Merowingerzeitliche Axttypen lassen sich grob in zwei Gruppen gliedern, nämlich in solche mit symmetrisch und solche mit asymmetrisch geformter Klinge. So kommt in der zweiten Hälfte des 4. Jahrhunderts eine einfache symmetrische Axt auf, deren Blatt sich durch das gleichmäßige Ausschwingen von Ober- und Unterkante zur Schneide hin verbreitert (**Abb. 14, 2**)[65]. Bei dem 16 cm langen Exemplar aus dem Fürstengrab von Gammertingen, das in das dritte Viertel des 6. Jahrhunderts datiert, dürfte es sich um einen der jüngsten Vertreter dieser Form handeln (**Tafel 3, D**). Mit 11,5 cm ist die Schneide in Relation zum Beilkörper für diesen Typ schon als relativ breit anzusehen. Im weitesten Sinne wäre dieser Gruppe auch die außergewöhnliche tauschierte Prunkaxt aus dem Neuwieder Becken zuzuordnen, obwohl sie durch ihre für die Form untypische, ausgeprägte profilierte Schafttülle aus dem Rahmen fällt (**Tafel 3, A**). Die Langseiten und der Nacken sind reich mit Silberdrahteinlagen im Tierstil II verziert, wobei die Motive auf beiden Seiten identisch sind. Derartig dekorierte Äxte sind ansonsten nur noch aus Langeloh und Venlo (NL) überliefert, wobei keines der drei Stücke aus einem datierbaren Fundzusammenhang stammt. Im Analogieschluss mit den tauschierten Gürtelgarnituren des 7. Jahrhunderts ließe sich für sie allerdings eine ähnliche Zeitstellung postulieren.

Im Unterschied zu dem zuletzt beschriebenen Axttyp, zeichnet sich die Breitaxt durch eine extrem breit ausgebildete abgesetzte symmetrische Schneide aus, die an den Enden rechtwinkelig abschließt[66]. Neben der einfachen Form mit unbetontem Schaftloch (**Abb. 14, 4**) ist auch eine Variante mit betont abgesetzter und meist profilierter Tülle bekannt (**Abb. 14, 5**). Sowohl Breitäxte mit betonter als auch mit unbetonter Schafttülle können zudem an den rückwärtigen Schneidenenden ausgeprägte Endzacken aufweisen (**Abb. 14, 3**). Erstaunlich ist dabei, dass die Varianten mit Zacken bereits seit der zweiten Hälfte des 4. Jahrhunderts nachgewiesen sind, während Breitäxte ohne Zacken erst wesentlich später, nämlich im Laufe des 6. Jahrhunderts im Fundgut auftauchen. Das aus dem Fürstengrab von Beckum überlieferte Exemplar mit profiliertem Schaftloch und Endzacken datiert in die Zeit um 600, die auch das Ende der Laufzeit für diese Form bedeutet (**Tafel 3, F**). Mit einer Blattbreite von lediglich 12,5 cm fällt es verhältnismäßig klein aus. In der ersten Hälfte des 7. Jahrhunderts kommen dann auch die zackenlosen Breitäxte mit abgesetzter Tülle als Beigaben außer Gebrauch.

Am weitesten zeitlich zurückverfolgen lässt sich die asymmetrische Bartaxt (**Abb. 14, 6**), von der die ältesten Funde bereits aus dem frühen 4. Jahrhundert vorliegen. Sie zeichnet sich durch ein herabgezogenes Schneidenblatt mit geradlinigem unterem Abschluss aus. Aufgrund verschiedener Merkmalskombinationen lassen sich auch von diesem Typ mehrere Varianten ableiten. So kann die Unterkannte zur Schneide hin schräg, senkrecht oder leicht einwärts gebogen verlaufen. Die Klinge steht entweder rechtwinkelig zum Schaft, oder ist spitzwinkelig angeordnet, so dass die Schneide nach unten gegen den Holm einzieht. Zudem sind Bartäxte sowohl mit einfacher als auch mit abgesetzter Tülle, sowie mit nach unten verlängerter Rückenplatte überliefert. Aus dem Kriegergrab von Heilbronn-Horkheim ist eine 16 cm lange Bartaxt mit geschweifter Oberkante und einziehender Schneide erhalten (**Tafel 3, E**). Eine Besonderheit stellt hier die verlängerte Nackenplatte dar, die in zwei seitliche Lappen ausläuft. Im Fränkischen Reich verschwindet die Bartaxt im Laufe des frühen 7. Jahrhunderts schließlich aus den Grabinventaren. Allerdings scheint sie bei den östlichen Nachbarn wesentlich länger in Gebrauch geblieben zu sein, wie auch die Streitaxt aus dem karantanischen Waffengrab von Baardorf (A) belegt[67], das in die erste Hälfte des 8. Jahrhunderts datiert (**Tafel 3, G**)[68]. Bei diesem Exemplar fallen der im Verhältnis zum ausgeprägten Schneidenblatt recht zierlich wirkende Hals und die nach oben und unten ausgezogene Rückenplatte auf. Damit hebt es sich merklich von den fränkischen Bartäxten der älteren Merowingerzeit ab.

Als eigene Sonderform können die wenigen Äxte mit asymmetrischer Klinge, die sich durch doppelte Tüllenkerben auszeichnen, zusammengefasst werden (**Abb. 14, 7**). Die überwiegende Mehrheit weist eine lang ausgezogene Schneide auf und wäre eigentlich den Bartäxten zuzurechnen. Dagegen sind Tüllenkerbenäxte mit schmalem asymmetrischem Blatt, wie das 18,6 cm lange Exemplar aus Grab 61von Westheim als Ausnahme zu betrachten (**Tafel 3, C**). Bei den Tüllenkerben scheint es sich um ein Merkmal mit begrenztem Verbreitungsgebiet zu handeln, beschränken sich die entsprechen Funde doch fast ausschließlich auf den Raum östlich des Rheins und südlich des Mains. Äxte dieser Art sind auch nur von der Zeit um 500 bis zur Mitte des 6. Jahrhunderts im Fundgut vertreten.

Eine wesentlich längere Laufzeit kann dagegen die Sonderform vorweisen, die sich durch einen verlängerten, hammerartig ausgebildeten Nacken und eine abgesetzte röhrenförmige Schafttülle auszeichnet und deshalb als Hammeraxt bezeichnet wird. Charakteristisch für die ältere Variante sind eine symmetrische Klinge und ein einfacher stangenförmiger Tüllenhammer (**Abb. 14, 8**). Sie tritt bereits in den reich ausgestatteten Waffengräbern von Hermes (F) und Vieuxville (B) auf, die in das frühe 5. Jahrhundert datieren. Von dem der Breitaxt entsprechenden Klingenblatt dieser frühen Form sind sowohl Vertreter mit als auch ohne Endzacken überliefert. Dies gibt Anlass zu der Annahme, dass möglicherweise auch die zackenlosen Breitaxtvarianten ohne Hammernacken wesentlich älter sind, als durch datierbare Funde nachgewiesen ist[69]. In der Länge variieren die symmetrischen Hammeräxte zwischen 12 und 19 cm. Das Exemplar aus Grab 9 von Flohnheim aus der Zeit um 500 ist 14,8 cm lang (**Tafel 3, B**). Mitte des 6. Jahrhunderts wird die herkömmliche Form durch eine neuere Variante mit asymmetrischem, herabgezogenem Schneidenblatt und kurzem, knaufförmigem Nackenhammer abgelöst, die bis in das frühe 7. Jahrhundert hinein in den Grabinventaren zu finden ist (**Abb. 14, 9**).

Die Verbreitung der merowingerzeitlichen Axttypen, mit Ausnahme der bereits erwähnten Tüllenkerbenäxte, erstreckt sich über das gesamte Reihengräbergebiet, auch wenn eine auffällige Konzentration in den ehemals fränkisch besiedelten Regionen festzustellen ist. Dabei sind Axtbeigaben in Gräbern von Kriegern aller Rangstufen vertreten.

Über Länge und Form der Axtstiele liegen dagegen keine Erkenntnisse vor, da sie im günstigsten Fall nur noch als im Schaftloch anhaftende Holzreste erhalten sind. Durch nordeuropäische Mooropferfunde sind für germanische Streitäxte

65 *In der Fachliteratur auch als „Breitaxt" angesprochen (Böhme 1974).*

66 *In der Fachliteratur auch als „doppelseitige Bartaxt" bezeichnet (Moosbrugger-Leu 1971).*

67 *Karantanen: alpenslawischer Neustamm slawisch-awarisch-norischer Zusammensetzung.*

68 *Auch in Skandinavien ist die Bartaxt noch im 8. u. 9. Jh. in Gebrauch.*

69 *Nur die wenige Äxte, die tatsächlich aus geschlossenen Grabfunden stammen, lassen sich relativ sicher datieren.*

Tafel 3: **Streitaxt**

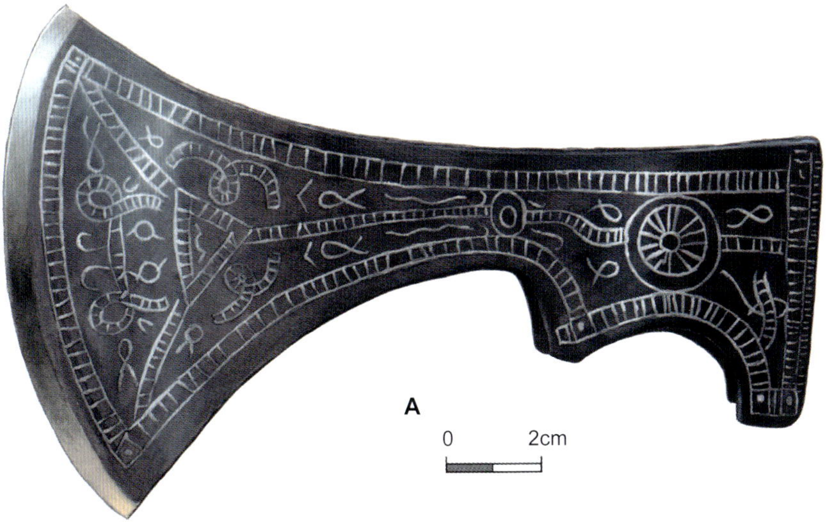

A

0 2cm

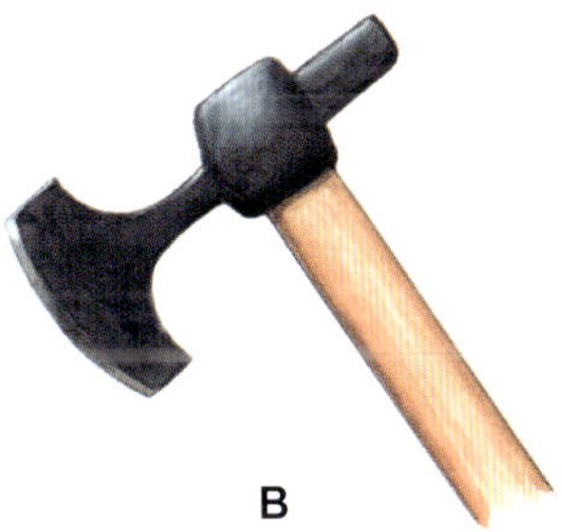

B

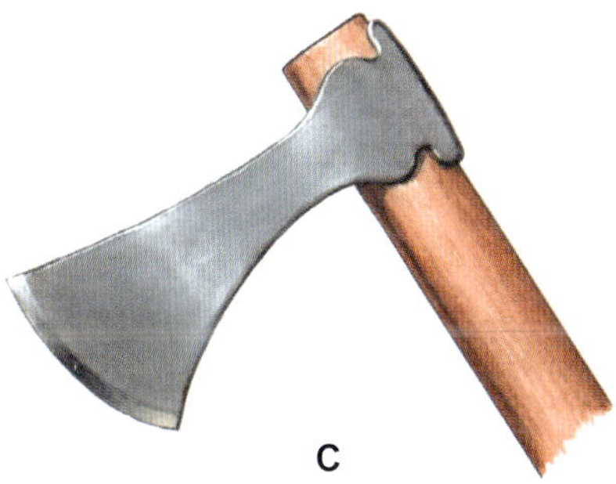

C

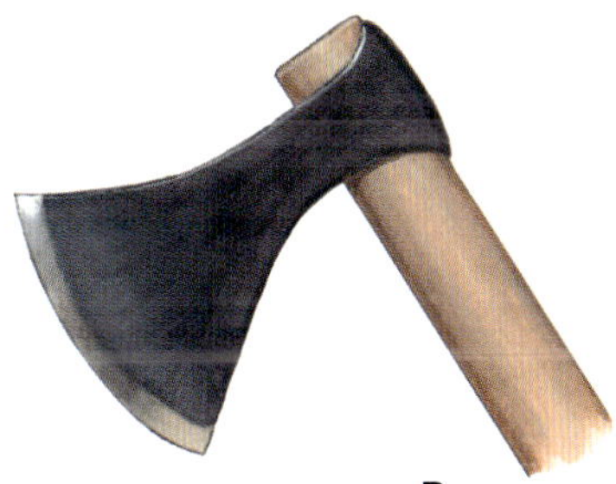

D

E

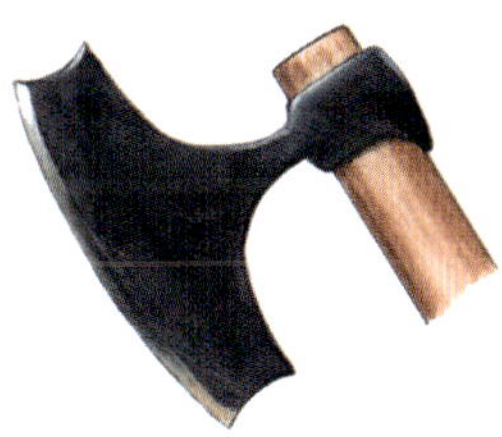

F

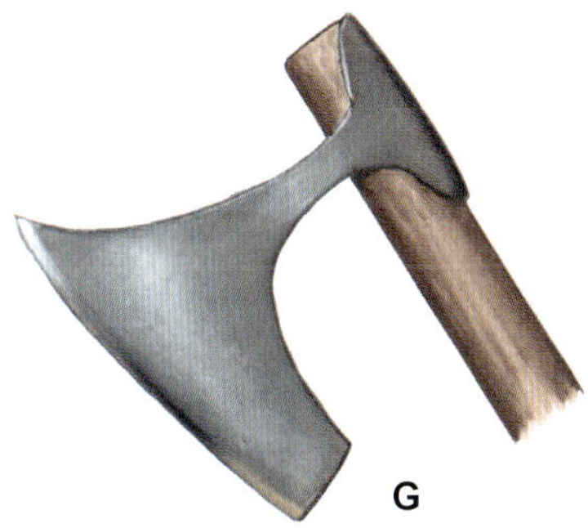

G

0 20cm

A Prunkaxt mit Silbertauschierung, FO: Neuwied, KL. 17,9 cm, Dat.: 7. Jh.
B Hammeraxt, FO: Flohnheim Grab 9, KL. 14,8 cm, Dat.: um 500
C Axt mit Tüllenkerben, FO: Westheim Gr. 61, KL. 18,6 cm, Dat.: 2. Viertel 6. Jh.
D symmetrische Axt, FO: Gammertingen/Fürstengrab, KL. 16 cm, Dat.: 3. Viertel 6. Jh.
E Bartaxt, FO: Heilbronn-Horkheim, KL. 16 cm
F Breitaxt, FO: Beckum/Fürstengrab, KBr. 12,5 cm, Dat.: um 600
G slawisch-awarische Bartaxt, FO: Baardorf (A), Dat.: 1. Hälfte 8. Jh.

des 3. und 4. Jahrhunderts Schaftlängen von 57 bis 88 cm überliefert[70]. Die Reichweite der einhändig geführten Äxte konnte somit durchaus der von zeitgleichen Schwertern entsprechen. Inwieweit diese Maße auch auf die jüngeren Axttypen der Merowingerzeit übertragbar sind, lässt sich jedoch nicht einschätzen. Auch die Aussage Prokops über die Kurzstieligkeit der fränkischen Äxte hilft uns nicht wirklich weiter, da aus dem Bericht nicht eindeutig hervorgeht, ob nur speziell die Wurfäxte oder aber die Beilwaffen der Franken generell gemeint sind. Einen indirekten Hinweis liefert lediglich ein Fund aus Grab 80 von Basel-Kleinhüningen, wo 45 cm von der Axtklinge entfernt ein geschlossen-S-förmiges Eisenband lag, was als Beschlag zur Verstärkung des Schaftendes interpretiert werden kann[71]. Als Material für den Stiel dürfte auch zur Merowingerzeit wie in den vorangegangenen Jahrhunderten das Holz von Esche, Buche und Hasel sowie Eiche bevorzugt worden sein. Es darf davon ausgegangen werden, dass auch die fränkischen Streitäxte mit einer Hand geführt wurden, da die zweihändige Langaxt mit fast mannshohem Schaft eine Erscheinung der Wikingerzeit ist.

Waffe oder Werkzeug?

Während Äxte mit schmalerer symmetrischer oder auch asymmetrischer Schneide, wie die vorgestellten Beispiele aus Gammertingen und Westheim, noch eine klare Verwandtschaft zu den Streitäxten des 3. und 4. Jahrhunderts erkennen lassen, entsprechen Bart-, Breit- und Hammeraxt in ihrer Form mittelalterlichen Zimmermannsäxten, die in ähnlicher Gestalt noch bis in die Neuzeit zur Holzbearbeitung verwendet wurden. Besonders stark kommt der Werkzeugcharakter bei den Äxten mit Hammernacken zum Ausdruck. Auch stellen die Spitzen an den rückwärtigen Klingenenden der Breitäxte keine bloßen Zierelemente dar, sondern sind eigentlich zum Drehen von Balken gedacht (Wendhaken). Zudem weisen erhaltene Äxte auf dem Rücken oft Spuren von Hammerschlägen auf, ein Zeichen, dass sie als Keile benutzt wurden, vermutlich zum Fertigen von Planken (Spaltbohlen). Die Verwendung von Äxten als Arbeitsgerät ist sehr gut in der Bootsbauszene auf dem Wandteppich von Bayeux aus dem 11. Jahrhundert dargestellt. So wird ein Zimmermann gezeigt, der mit einer kurzstieligen Breitaxt („Schlichtaxt") Planken glättet („schlichtet") (**Abb. 15, 2**). Ein anderer bearbeitet die Bordwand eines Bootes mit einer Hammeraxt (**Abb. 15, 3**). Zwei weitere Männer sind wiederum zu sehen, wie sie mit langstieligen Äxten („Fälläxten") Bäume fällen (**Abb. 15, 1**). Dass Fälläxte schon früher zur Schanzausrüstung römischer und germanischer Heere gehörten, lässt sich durch archäologische Funde belegen. Es ist daher davon auszugehen, dass sie ebenso im Fränkischen Heer in Gebrauch waren.

Gemäß ihrer zweckbestimmten Form dürften Bart-, Breit- und Hammeraxt demnach im 4. Jahrhundert primär als Geräte zur Holzbearbeitung entwickelt worden sein, was eine darüberhinausgehende Verwendung als Waffe jedoch keineswegs ausschließt. Letztere wird nur aus dem Fundzusammenhang ersichtlich, wenn derartige Äxte als Grabbeigaben bewaffneter Krieger vorliegen. Dabei ist allerdings zu bedenken, dass nur wenige der gefundenen Äxte aus Waffengräbern stammen, während es sich bei den meisten um Streufunde handelt. Die Tatsache, dass diese Axttypen auch aus reich ausgestatteten Gräbern, wie zum Beispiel dem Goldgriffspathengrab 63 von Basel-Kleinhüningen oder dem Fürstengrab von Beckum, überliefert sind, wiederspricht der These, dass es sich bei ihnen lediglich um improvisierte Ersatzwaffen wenig wohlhabender Krieger handelt.

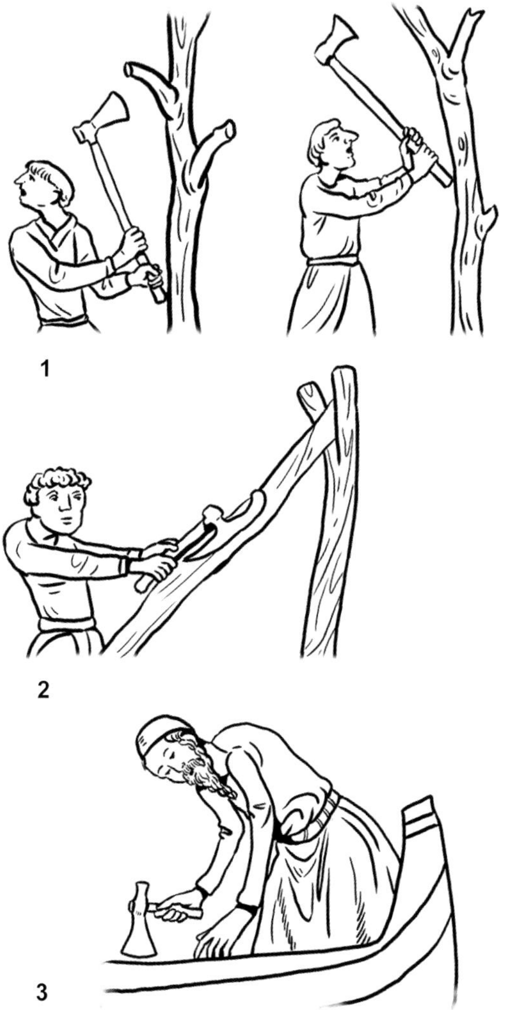

Abb. 15: **Zimmerleute mit Äxten, Teppich von Bayeux (F)** (Umzeichnung)
1 Fälläxte, **2** Schlichtaxt (Breitaxt), **3** Hammeraxt

70 *Pauli Jensen/ Nørbach 2009, S. 263.*

71 *Moosbrugger-Leu 1971, S. 98.*

Abb. 14: **Entwicklung der Axttypen**
Der Beginn der jeweiligen Laufzeit wird durch das hintere Ende der Pfeillinie angezeigt.
1 asymmetrische Streitaxt, **2** symmetrische Streitaxt, **3** Breitaxt mit Wendhaken, **4** Breitaxt, **5** Breitaxt mit betonter Tülle, **6** Bartaxt, **7** Tüllenkerbenaxt, **8** symmetrische Hammeraxt, **9** asymmetrische Hammeraxt, **10** Wurfaxt, **11** Wurfaxt mit geknickter Oberkante, **12** Franziska Form A, **13** Franziska Form C (A/C), **14a** Franziska Form B, **14b** Franziska Form B (extreme Ausprägung)

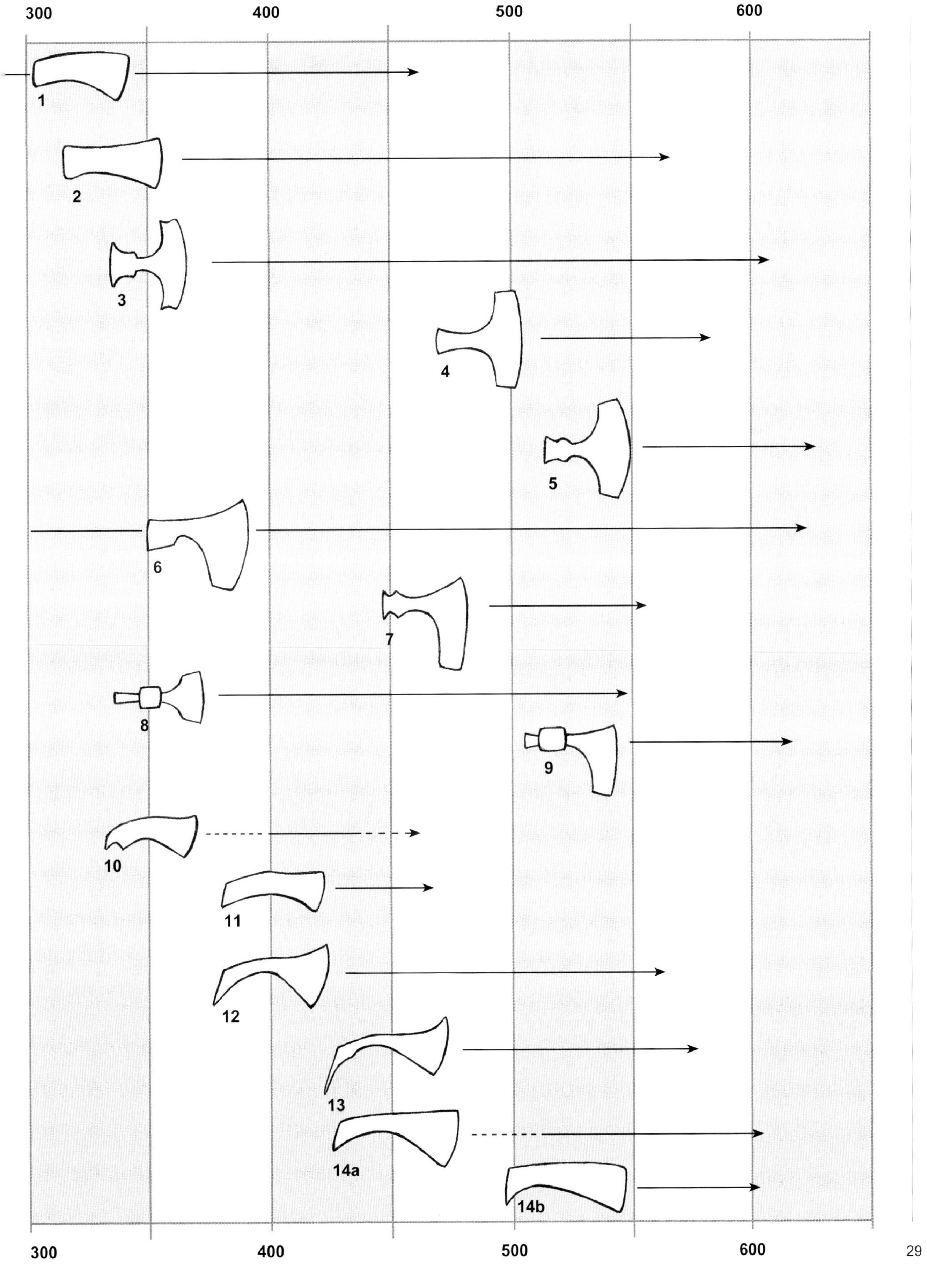
300
400
500
600
1
2
3
4
5
6
7
8
9
10
11
12
13
14a
14b
300
400
500
600

Wurfaxt / Franziska

Im Gegensatz zu den oben beschriebenen Axttypen war die in der Archäologie allgemein als Franziska bezeichnete Axt eine speziell für den Wurf konzipierte Angriffswaffe. Da es sich bei ihr nach Prokopios und Sidonius Apollinaris um die Nationalwaffe der Franken handelt, überrascht es auch nicht, dass die Hauptkonzentration der Franziskenfunde im ehemals fränkischen Stammesterritorium liegt. Zudem streut deren Verbreitung in die von Alamannen, Burgunden, Bajuwaren und Thüringern besiedelten Gebiete aus, die im 5. und 6. Jahrhundert unter fränkische Oberhoheit gerieten. Dabei tritt die Franziska wesentlich häufiger in Waffengräbern auf als die übrigen Beilwaffen, wo sie sowohl mit reichen als auch mit schlichten Grabausstattungen vergesellschaftet ist. Außerdem scheint sie noch bei den Langobarden in Gebrauch gewesen zu sein [72].

In ihrer idealtypischen Form setzt sich die als „echte Franziska" angesprochene fränkische Wurfaxt deutlich von den übrigen merowingerzeitlichen Streitäxten ab (**Abb. 16**). Ihre schlanke eiserne Klinge zeichnet sich durch eine stark S-förmig geschwungene Oberkante und eine bogenförmige Unterkante, die im Idealfall eine flache Parabel bildet, aus. Die nach oben und unten ausschweifende Schneide weist zwei deutlich erkennbare Spitzen auf, von denen die obere stärker ausgeprägt ist. Im Längsschnitt entspricht die Klinge einem spitzwinkeligen Dreieck mit geraden, nicht einziehenden Langseiten. Der kurze, vermutlich geschwungene, hölzerne Stiel bildet mit der Mittelachse des Blattes einen stumpfen Winkel von deutlich mehr als 90° und maximal 115° [73].

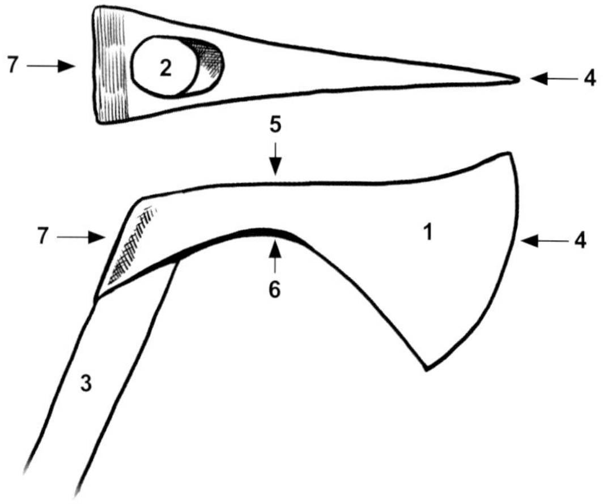

Abb. 16: **Franziska – Benennung der Teile**
FO: Westheim Grab V, L. 16,1 cm, Dat.: 1. Drittel 6. Jh.
1 Klinge
2 Schaftloch
3 Holm o. Schaft
4 Schneide
5 Außen- o. Oberkante
6 Innen- o. Unterkante
7 Rückenplatte

72 *Paulus Diaconus: Historia Langobardorum II. 30.*

73 *Genauer gesagt handelt es sich um den Winkel einer gedachten Mittellinie des Blattes, die durch die Mitte von Schneide und Rücken führt, zu der Seelenachse des Schaftlochs. Der Scheitelpunkt der Unterkante liegt dabei oberhalb dieser gedachten Blattmitteline (Dahmlos 1977, S. 144).*

Entwicklung

Spätestens zu Beginn des 5. Jahrhunderts, möglicherweise aber schon im letzten Viertel des 4. Jahrhunderts, entwickelt sich aus der Streitaxt mit leicht geschwungener Oberkante eine Wurfaxt, die als Vorform der echten Franziska gelten kann (**Abb. 14, 10**). Von ihr sind Exemplare sowohl mit als auch ohne Schaftlochlappen überliefert. Das ausschlaggebende Kriterium zur Abgrenzung gegen die fast formgleiche herkömmliche Hiebaxt stellt dabei der stumpfe Ansatzwinkel der Klinge zum Schaft dar. Die Länge dieser frühen Wurfäxte beträgt zwischen 11 und 16 cm. So ist aus Grab 833 von Rhenen (NL) ein kleines, nur 11 cm langes Exemplar mit einer Nackenstärke von 3 cm überliefert, das unterhalb des Schaftlochs gerundete Fortsätze aufweist und in die erste Hälfte des 5. Jahrhunderts datiert (**Tafel 4, D**). Zeitlich auf das zweite Drittel des 5. Jahrhunderts beschränkt ist eine Variante mit kurzer, wenig ausgezogener Schneide, deren Oberkante nicht gleichmäßig geschwungen ist, sondern vor dem Schaftloch zum Holm hin deutlich erkennbar abknickt (**Abb. 14, 11**). Die Laufzeit der geschweiften Vorform endet dagegen bereits kurz vor oder nach der Jahrhundertmitte.

In der Fachliteratur werden mit gewisser Übereinstimmung zwei oder drei, beziehungsweise vier Varianten von Franzisken unterschieden, weshalb es sinnvoll erscheint, auch hier eine Einteilung vorzunehmen [74]. Die oben bereits genauer beschriebene idealtypische Variante der Franziska wird dabei auch als „Form A" oder „echte Franziska" bezeichnet (**Abb. 14, 12**). Als ältester datierbarer Fund kann das Exemplar aus Grab 11 von Haillot in Belgien gelten, das aus dem zweiten Drittel des 5. Jahrhunderts stammt. Die Länge der Klinge vom Nacken zur Schneide gemessen variiert bei dieser Form zwischen 12,5 und 22 cm, wobei die Masse im Bereich von 14 bis 18 cm liegt. Ihr Gewicht beträgt zwischen 230 und 1200g mit einer Massierung bei 400 bis 800g. Somit könnte die 17 cm lange Franziska aus Grab 364 des bajuwarischen Gräberfeldes von Straßkirchen als typischer Vertreter gelten (**Tafel 4, C**). Eine Besonderheit stellt allerdings das kreisaugenverzierte Messingband dar, das spiralig um den Schaft gewickelt war und möglicherweise zur zusätzlichen Sicherung der Klinge dienen sollte. Zeitlich ist der Fund dem zweiten Drittel des 6. Jahrhunderts zuzuordnen, also der Spätphase der Laufzeit für Form A.

Neben dieser klassischen Variante, die bis in die beginnende zweite Hälfte des 6 Jahrhunderts nachgewiesen ist, treten aber ab dem späten 5. Jahrhundert auch Franzisken auf, bei denen die charakteristischen Merkmale deutlich geringer ausgeprägt sind und die deshalb als „Form B", beziehungsweise als „unechte Franziska" eingestuft werden (**Abb. 14, 14a**). Kennzeichnend sind eine gestrecktere Klinge mit kaum geschwungener Oberkante, sowie eine weniger gerundete Schneide, die nur noch selten eine betonte obere Spitze zeigt. Auch fallen die Franzisken der Form B insgesamt größer und schwerer aus als die der Form A. So beträgt ihre Klingenlänge 11,5 bis 22 cm, wobei eine Massierung zwischen 15 und 20 cm festzustellen ist. Das Gewicht liegt mit Extremwerten von 200 und 1350 g in der Masse bei 600 bis 1000 g. Allerdings handelt es sich bei den beiden Formen weniger um klar voneinander abgrenzbare Typen, sondern eher um „Tendenzen", da die Übergänge zwischen ihnen fließend sind. Deutlich wird dies am Beispiel der 17,8 cm langen Franziska von Morken (**Bd. 2 / Tafel S. 29, C**), die der Form B zugerechnet wird [75]. Da sie aus der Zeit um 600 stammt, stellt sie auch deren spätesten datierbaren Vertreter dar.

74 *Es wird die Gliederung nach Hübener 1980 mit den Formen A, B und C, bzw. AC u. BC übernommen. Ebenso Reiß 1994; ähnlich Böhner 1958.*

75 *Hübener 1980, S. 96.*

Tafel 4: **Wurfaxt**

A Franziska Form A/C mit Eisendrahtumwicklung, FO: Truchtelfingen Grab 229, KL. 16 cm
B Franziska Form A/C mit Griffbeschlägen, FO: Kaltenengers, KL. 16,5 cm, Dat.: 6. Jh.
C Franziska Form A mit Messingbandspirale, FO: Straßkirchen Grab 364, KL. 17 cm, Dat.: 2. Drittel 6. Jh.
D Wurfaxt, FO: Rhenen (NL) Grab 833, KL. 11 cm, Dat.: 1. Hälfte 5. Jh.

Während der zweiten Hälfte des 6. Jahrhunderts treten sogar Franzisken auf, bei denen die erwähnten Tendenzen so extrem ausgeprägt sind, dass sie kaum noch etwas mit der klassischen Form gemeinsam haben: Der Schaftansatzwinkel hat sich 90° genähert, die Klingenoberkante ist wenn überhaupt nur noch leicht gewölbt und zeigt keinerlei S-Schwung, wobei die schmale Schneide keine ausgezogene obere Spitze mehr erkennen lässt (**Abb. 14, 14b**). Es ist fraglich, ob sich diese Äxte aufgrund ihrer verminderten Flugeigenschaften überhaupt noch als Wurfwaffen eigneten. Fast hat es den Anschein, als hätte sich die Franziska letztlich wieder zu einer primären Hiebaxt zurückentwickelt.

Da bei den Franzisken die vorspringende Schneide normalerweise über das Schaftloch hinausragt, würgt sich beim Aufprall die Unterkante des Nackens in den Holm. Um diese Schwachstelle zu entlasten, konnte der Rücken tiefer heruntergezogen oder gar zu einer langen Fessel ausgeschmiedet werden. Äxte der Formen A und B mit derart verlängerter Rückenplatte lassen sich unter der „Form C“ zusammenfassen (**Abb. 14, 13**). Bei den weitaus meisten Exemplaren entspricht das Klingenblatt dabei dem der Variante A. So auch bei der schlanken, elegant geschwungenen Franziska mit stabförmig ausgeschmiedetem langen Nacken aus dem fränkischen Waffengrab von Kaltenengers (**Tafel 3, B**). Ihr Stiel war zudem mit drei weiteren Eisenfesseln verstärkt, die wiederum zusammen mit der Nackenfessel von zwei eisernen Ringbändern umschlossen wurden. Die erhaltenen Metallbeschläge lassen dabei noch die ursprüngliche Krümmung des vergangenen hölzernen Schaftes erkennen. Ebenso zählt das Exemplar mit nach unten abgesetzter Schafttülle aus Grab 229 des alamannischen Gräberfeldes von Truchtelfingen zu der Formtendenz A/C (**Tafel 3, A**). Hier läuft der lang ausgezogene Rücken zu einem rechteckigen Fortsatz aus, der an drei Stellen mit einer Eisendrahtumwicklung am Holm befestigt war. Durch die Rückenplatte wurde zudem ein Eisenniet mit konischem Kopf in den Holzschaft getrieben. Das Schaftloch war mit einer langovalen Eisenscheibe abgedeckt, die mit einem bronzenen und einem eisernen Niet auf dem oberen Schaftende festgenagelt war.

An dieser Stelle sei darauf hingewiesen, dass die oben genannten Laufzeiten der einzelnen Varianten mit einem gewissen Vorbehalt betrachtet werden müssen, da nur etwa 15 bis 20% der ungefähr 800 erfassten Franzisken aus geschlossenen Grabfunden stammen und damit relativ zuverlässig datierbar sind[76]. Das bedeutet, dass sich die große Mehrheit der Fundstücke nur indirekt im auf der äußeren Form beruhenden Analogieschluss zeitlich zuordnen lässt.

76 *Dabei fallen auf Form A mindestens etwa 375, auf B mindestens 350 und auf C etwa 70 Exemplare (Hübener 1995, S. 474).*

Handhabung und Wirkungsweise

Wie es scheint, galt die Franziska seinerzeit nicht umsonst als gefürchtete Distanzwaffe. So haben Untersuchungen ergeben, dass sie bei einer Wurfentfernung von 12 m noch in der Lage ist, 24 mm starke Fichtenbretter zu durchschlagen[77]. In einem weiteren Versuch konnte beim Wurf aus 10 m Distanz eine Auftreffgeschwindigkeit von 12 m/s (45 km/h) gemessen werden[78]. Die Wucht wäre ausreichend gewesen, um problemlos den Schädel oder Schild eines Gegners zu zertrümmern. Offenbar hat Prokop bei seinen Ausführungen über die verheerende Wirkung der Waffe nicht übertrieben. Zwischen 10 und 12 m dürfte auch die effektive Höchstkampfentfernung der Franziska gelegen haben. Beim Axtwurf wurde die Waffe mit einer vertikalen Drehbewegung so geschleudert, dass sie im Flug um ihre Längsachse rotierte. Es kam darauf an, das Ziel mit der oberen Schneidenspitze zu treffen[79]. Die Axt so werfen zu können, dass sie immer im richtigen Winkel auftrifft, erforderte dabei von dem Krieger nicht nur Kraft, sondern vor allem auch ein erhebliches Maß an Geschick und Übung.

Fazit

Während des 5. und 6. Jahrhunderts gehören Äxte zur typischen Bewaffnung der Franken. Dabei sind die ausdrückliche Wurfaxt und die eigentlich als Holzbearbeitungswerkzeug entwickelten Axttypen zu unterscheiden. Letztere werden im beginnenden 7. Jahrhundert von den Breitsaxen als Hiebwaffe abgelöst und verschwinden aus den Grabinventaren. Sie wurden also nur solange den Toten beigegeben, wie sie neben dem Gebrauch als Arbeitsgerät auch als Waffe im Kampf Verwendung fanden. Dies erklärt jedoch nicht, warum zur gleichen Zeit auch die Beigabe von Wurfäxten abbricht. Auffälligerweise ist deren Laufzeit identisch mit der des als „Ango“ bekannten schweren Wurfspeers. Als Grund für die zeitgleiche Aufgabe beider Arten von Fernwaffen könnte daher ein Wandel in der Kampftaktik vermutet werden.

77 *Dahmlos 1977, S. 147.*

78 *Test: Wehrtechnische Dienststelle für Waffen und Munition 91 (WTD 91) der BW in Meppen.*

79 *Die Tatsache, dass diese Spitze bei zahlreichen Funden abgebrochen ist, scheint dies zu bestätigen.*

LANZE UND SPEER

Ebenso wie der Schild gehörte die Lanze traditionell zur Grundausstattung des freien Germanen waffenfähigen Alters. Diese als „Frame" (lat. *framea*) bezeichnete Mehrzweckwaffe war zum Stoß und zum Wurf auf kurze Distanz ausgelegt. Bereits in der frühen Römischen Kaiserzeit kam ergänzend der Wurfspeer hinzu. So ist davon auszugehen, dass auch zur Merowingerzeit jeder Krieger mit einer oder mehreren Stangenwaffen ausgerüstet war, auch wenn dies aus den Grabinventaren nicht immer eindeutig hervorgeht. Archäologisch nachgewiesen sind sowohl Lanzen als auch Wurfspeere, wobei eine klare Abgrenzung nicht immer möglich ist, da der Übergang von Stoß- zu Wurfwaffen oft fließend verläuft. Lediglich mit Widerhaken versehene Spitzen lassen sich zweifelsfrei als Kopfbewehrung für Speere identifizieren. Stangenwaffen, die aufgrund ihres überlangen Schaftes oder des hohen Gewichts der Eisenspitze nicht zum Wurf taugen, können wiederum eindeutig der Gruppe der reinen Stoßlanzen zugeordnet werden. Allerdings wird dies durch die Tatsache, dass die hölzernen Schäfte in der Regel vergangen sind, erheblich erschwert. Die größere Zahl der erhaltenden Spitzen dürfte hingegen von Mehrzwecklanzen stammen, die sowohl zum Stoß als auch zum Wurf auf kurze Distanz geeignet waren.

Schriftliche Erwähnung finden Lanze und Speer vor allem bei Gregor von Tours, der für sie Begriffe verwendet, die bereits aus der römischen Bewaffnung bekannt sind. Dabei ist allerdings fraglich, ob er diese in ihrem ursprünglichen Sinne oder synonym gebraucht. Er scheint jedoch deutlich zwischen Stangenwaffen zum Stoßen und Stechen, wie „*hasta*" und „*contus*", und solchen, die zum Wurf bestimmt sind, wie „*lancea*" und „*iaculum*", zu unterscheiden.

Die *hasta* war die 2 bis 2,5 m lange Stoßlanze der Römer, die bei Bedarf auch geworfen werden konnte. Gemäß Gregor von Tours wurde mit ihr gestochen, gestoßen und ausnahmsweise auch geschlagen. Sie gehörte zur regulären Bewaffnung des Fränkischen Heeres zur Zeit Chlodwigs[80]. Von burgundischen und aquitanischen Truppen wird wiederum berichtet, dass sie bei der missglückten Eroberung von Avignon ihre ertrinkenden Kameraden aus der Rhone retteten, indem sie ihnen ihre *hastae* entgegenstreckten[81]. In einem anderen Fall wurde ein Bischof mit der *hasta* verprügelt[82]. Vermutlich geschah dies mit dem hölzernen Schaft der Lanze. Außerdem gehörte die *hasta* auch zu den Herrschaftssymbolen des Frankenreiches und ist in diesem Zusammenhang erstmalig bei der Adoption Childeberts II. durch seinen Onkel König Guntram von Orleans im Jahre 577, sowie bei der feierlichen Bestätigung des Erbvertrages 585 erwähnt[83].

Die beidhändig geführte 3,5 bis 4,5 m lange Reiterlanze, welche die Römer von den iranischen Völkern übernommen hatten, wurde von ihnen als „*contus sarmaticus*" bezeichnet. Gregor nennt den *contus* als Waffe der Franken[84], aber auch der Langobarden, Burgunden und Westgoten[85]. Bei letzteren wurde er von Fußtruppen im Kampf gegen König Chlodwig verwandt. Seinen expliziten Einsatz zu Pferd schildert der Bischof von Tours dagegen nur einmal, als der *contus* nämlich, ebenso wie die *hasta*, als Waffe im berittenen Zweikampf zwischen den Herzögen Dracolenus und Guntram Boso diente[86].

80 *Tours: HF II, 27.*

81 *Tours: HF VI, 26.*

82 *Tours: HF VII, 27.*

83 *Tours: HF V, 17 u. HF VII, 33.*

84 *Tours: HF V, 36 u. 48.*

85 *Tours: HF X, 3; HF III, 6 u. HF II, 37.*

86 *Tours: HF V, 25.*

Die am häufigste von Gregor erwähnte Stangenwaffe ist die *lancea*, der mittelschwere Wurfspeer der Römer. Sie wurde von den Truppen der Könige Childebert und Sigibert[87], sowie von denen anderer fränkischer Heerführer einsetzt[88]. Des Weiteren waren noch Gefolgschaften[89], aber auch Räuberbanden[90] und sogar die aus Unfreien bestehende Begleitmannschaft eines Kaufmanns mit ihr bewaffnet[91]. Außerdem wurde sie gelegentlich noch bei der Blutrache und dem gerichtlichen Zweikampf verwendet[92]. Den Berichten nach wurde die *lancea* als typische Wurfwaffe für Fuß- und Reitertruppen meistens geschleudert. Nur vereinzelt ist mit ihr im Nahkampf auch gestochen worden. So töteten die Krieger des Herzogs Leudegisel den Usurpator Gundowald, indem sie mit ihren *lanceae* auf ihn einstachen[93]. Ebenso wie die *hasta* wird die *lancea* noch als Herrschaftssymbol erwähnt. So anlässlich der Reichsteilung nach dem Tode Chlodwigs im Jahre 511 und der Aufteilung von König Chlodomers Teilreich von Orléans 524 n. Chr.[94] Gemäß Gregors Schilderungen diente die *lancea* nicht nur den Franken, sondern auch Goten und Bretonen als Waffe[95].

Sidonius Apollinaris wiederum weiß zu berichten, dass die Gefolgsmänner des rheinfränkischen Prinzen Sigismer beim Einzug am Burgundischen Hof in Lyon in ihren Händen „*lanceis uncatis*", widerhakenbewehrte Speere, trugen[96]. Offenbar spricht er von der gleichen Art Waffe, die Agathias von Myrna als "Ango" (*AGGON*) bezeichnet. In seiner Schilderung der Entscheidungsschlacht am Casilinus zwischen dem fränkisch-alamannischen Heer des Herzogs Butilin und den Byzantinern unter Narses im Jahre 554 n. Chr. beschreibt dieser recht ausführlich den fränkischen Wurfspeer, einschließlich dessen Handhabung und Wirkungsweise[97]. Das Wort „Ango" selbst ist germanischen Ursprungs und bedeutet eigentlich nur "Stachel", „Haken" oder „Spitze". Eine weitere zeitgenössische Quelle, die den Ango erwähnt, ist die „Chronica Caesaraugustana", die davon berichtet, dass der Westgotenkönig Amalarich nach der verlorenen Schlacht bei Narbonne im Jahre 531 von dem Ango eines Franken aus Childeberts Heer durchbohrt und getötet wurde[98]. Interessant ist in diesem Zusammenhang, dass Gregor von Tours, der ebenfalls darüber schreibt, wie Amalarich durch einen mit der Hand geworfenen Speer ums Leben kommt, für die selbe Waffe den Begriff „*lancea*" gebraucht[99].

Als weitere Stangenwaffe nennt Gregor von Tours in seinen Werken noch das *iaculum*, den römischen leichten Wurfspieß. Es gehörte zur Bewaffnung der Truppen des Königs Theuderich, des Herzogs Leudegisel und des Patricius' Celsus von Arles[100]. Neustrische Große setzten wiederum *jacula* zum Ausfechten einer Fehde ein[101]. Auch machten langobardische Truppen bei der Verteidigung des Castrum Bellinzona von dem *iaculum* als Waffe Gebrauch[102].

87 *Tours: HF III, 10 u. GM 71.*

88 *Tours: HF IV, 44.*

89 *Tours: HF V, 25; HF VII, 29 u. HF IX, 10.*

90 *Tours: HF IV, 48 u. HF X, 15.*

91 *Tours: HF VII, 46.*

92 *Tours: HF V, 5; HF IX, 35 u. HF X, 10.*

93 *Tours: HF VII, 38.*

94 *Tours: HF III, 1 u. HF III, 18.*

95 *Tours: HF IV, 18 u. HF X, 9.*

96 *Sidonius: Ep. V, 20, 3.*

97 *Agathias: Hist. II, 5.*

98 *Chron. II, 223.*

99 *Tours: HF III, 1.*

100 *Tours: HF III, 14; HF VII, 35 u. HF IV, 30.*

101 *Tours: HF V, 32.*

102 *Tours: HF X, III.*

Erzbischof Theodoric von Lyon, Autun 642

Im Jahre 642 n. Chr. wurde der Franke Flaochad von Nanthild, der Mutter des noch unmündigen Königs Chlodwig II. von Neustrien-Burgund und ihrem Mitregenten Erchinoald zum Hausmeier von Burgund ernannt. Daraufhin entbrannte ein Machtkampf zwischen Flaochad und dem einflussreichen burgundischen *patricius* Willebad. Die Fehde fand ihren Höhepunkt, als im Herbst desselben Jahres die beiden Kontrahenten mit ihren Gefolgschaften bei Autun gegeneinander antraten. Dabei wurde Flaochad von dem neustrischen Hausmeier Erchinoald unterstützt, während den Burgunden Willebad der Überlieferung nach die Bischöfen seines Amtssprengels begleiteten. Bei diesen dürfte es sich um die Erzbischöfe von Lyon und Vienne, Theodoric und Landalenus, sowie um Agilulf, den Bischof von Valence, gehandelt haben.

Die Szene zeigt Theodoric von Lyon, wie er mit seiner Miliz vor Autun aufmarschiert. Die Rekonstruktion des Erzbischofs basiert auf den erhaltenen Beigaben aus dem Grab 8 von St. Ulrich und Afra, in dem zwischen 640 und 660 ein aus Burgund stammender hochrangiger Kleriker, vermutlich einer der frühen Augsburger Bischöfe, beigesetzt wurde, sowie auf Funden aus Grab 1 der Krypta, in dem ebenfalls ein bedeutender geistlicher Würdenträger bestattet ist.

Seine Bekleidung besteht aus einer leinernen Tunika und Leinenhosen (Grab 1 u. 8), die mit Knieriemen aus Schafsleder umbunden sind (Grab 1) und in weichen, ebenfalls aus Schafsleder gefertigten Reitstiefeln stecken (Grab 1 u. 8). Diese sind durch um die weiten Schäfte gewickelte Lederriemen vor dem Herunterrutschen gesichert. An den Füßen werden außerdem eiserne Schlaufensporen getragen, deren Riemen mit kleinen Eisenschnallen geschlossen sind. An den Händen trägt der Geistliche zudem ein Paar Stoffhandschuhe, die mit Stulpen aus feinem Ziegenleder besetzt sind (Grab 8). Martin von Tours weiß zu berichten, dass auch Bischöfe im Felddienst mit Panzerhemden ausgestattet waren (HF IV, 42). Theodoric ist daher hier mit einem kurzen, zum Reiten geeigneten Ringpanzer dargestellt, unter dem noch ein leinenes Steppwams zu sehen ist. Über dem Panzer trägt er zudem einen capeartigen Wollmantel (*paenula*) (Grab 1), dessen Außenseite einem ganzflächigen Krimmerbesatz aus 7 bis 8 cm langen Fransen aufweist. Um den Leib hat der Kirchenfürst einen außergewöhnlichen Gürtel (Grab 8) geschnallt, dessen Riemen aus einem perforierten 13 cm breiten Rindslederstreifen besteht, der nach hinten zur Mitte hin umgeschlagen und mit bunten Hanffäden vernäht ist (**A**). Durch die entstandenen schlauchartigen Hohlräume des zweilagigen Gurtes sind wiederum Sehnen aus dünnen Lederbändern gezogen. Geschlossen wird der Gürtel mit einer dekorativen Messingschnalle, deren rechteckiger, kastenartiger Beschlag einen 4 mm hohen verschließbaren Hohlraum aufweist, in dem mehrere Bienenwachsklümpchen, eine Blütenkapsel des Baumwollbaums, sowie Leinen- und Wollfasern verwahrt werden. Bei der Schnalle handelt es sich demnach um einen Reliquienbehälter. Außerdem ist der Gürtelriemen noch durch mehrere durchbrochene rechteckige Messingbeschläge versteift, von denen einer auch als Aufhängung für das Messer (Grab 8) dient. Dieses steckt in einer Scheide aus Nadelholz mit einem Bezug aus Rindsleder, der mit eingepressten Mustern verziert und an der Schneidenkante mit zahlreichen kleinen sowie vier großen Bronzenieten beschlagen ist (**Bd. 1 / Tafel S. 39, D**). An der rechten Seite des Gürtels hängt zudem eine kleine Tasche aus Leinen (Grab 1). Der Krummstab (*baculus*) (Grab 1 u. 8), den Theodoric in seiner Rechten hält, gilt seit dem 4. Konzil von Toledo im Jahre 633, ebenso wie der Bischofsring, als bischöfliche Insignie.

Auf der gleichen Synode wurde auch allen Geistlichen das Scheren des Haupthaares zu einer Tonsur gesetzlich vorgeschrieben. Die hier gezeigte Haartracht ist von karolingerzeitlichen Buchmalereien übernommen. Bereits seit dem Konzil von Chalcedon im Jahre 451 war allen Angehörigen des Klerus die Teilnahme an Kriegszügen grundsätzlich untersagt. Das Verbot des Waffentragens, wurde für Geistliche dagegen erst 585 auf der Synode von Mâcon beschlossen. Es ist allerdings überliefert, dass sich besonders die Bischöfe immer wieder gern über diese Dekrete hinwegsetzten. Als bevorzugte Waffe des Klerus galt die Streitaxt (Tours: HF X, 24; HF VI, 36; VP 9, 2). So ist auch der Erzbischof hier mit einer fränkischen Bartaxt (FO: Krefeld-Gellep, Grab 1763) im Gürtel zu sehen, mit der er sich für das Unternehmen gewappnet hat.

Theodoric sitzt auf einem Schimmel von mittelgroßem Wuchs, der einen Trachtensattel östlichen Typs trägt, zu dem auch ein Paar eiserne Steigbügel (FO: Warburg-Ossendorf) gehören. Die Brustriemen des Sattels sind an Phaleren mit verzierten silbernen Pressblechen befestigt, die in Grab 1 von Hüfingen gefunden wurden. Auf der Mittelscheibe (**B**) ist eine thronende Maria dargestellt, während die beiden Seitenscheiben einen Lanzenreiter zeigen. Bei den Zierscheiben dürfte es sich um Importe aus dem Mittelmeerraum handeln. Die eiserne Knebeltrense und das Zaumzeug mit Beschlägen aus verzinnter Bronze basieren hingegen auf Funden aus dem Pferdegrab 17 von Beckum, Gräberfeld I.

A Gürtel mit Reliquiarschnalle aus Messing, FO: St. Ulrich und Afra Grab 8, Schnalle L. 14,6 cm, Riemen Br. 6,5 cm

B Pressblechscheibe aus Silber mit Mariendarstellung, FO: Hüfingen Grab 1, Dm. 11 cm, Dat.: 1. Hälfte 7. Jh. Der eiserne Riemenverteiler ist ergänzt.

A

B

In den Schriften Gregors tauchen zudem die Begriffe „*telum*" und „*framea*" auf. Mit dem Wort „*telum*" bezeichneten die Römer eigentlich ein Wurfgeschoss, wogegen es bei Gregor offenbar als Sammelbegriff für Waffen irgendwelcher Art dient[103]. „*Framea*" ist wiederum der lateinische Name für die Lanze der Germanen. Aus dem Kontext geht aber hervor, dass Gregor von Tours mit „*framea*" eine schwertartige Hiebwaffe meint[104].

Basierend auf dem archäologischen Fundgut und den schriftlichen Quellen wird daher in dieser Arbeit folgende Einteilung der Stangenwaffen vorgenommen: Das wäre einmal die Gruppe der Stoß- und Mehrzwecklanzen, zu der auch die Jagdspieße zu rechnen sind, und zum anderen die der reinen Distanzwaffen, zu der Angonen und leichte Wurfspeere zählen. Dabei werden der zweiten Gruppe allerdings nur die Spitzen zugeordnet, die aufgrund ihrer geringen Größe oder des Vorhandenseins von Widerhaken eindeutig als Speerspitzen zu erkennen sind. Alle anderen sind dagegen in der ersten unter dem Oberbegriff „Lanzen" zusammengefasst. Darunter fallen auch die Prunk- und Fahnenlanzen, die eine Sonderstellung einnehmen, da sie angesichts ihrer eigentlichen Funktion nicht primär als Waffen zu betrachten sind.

Lanzen

Formen des 4. und 5. Jahrhunderts

Die aus dem Untersuchungsgebiet vorliegenden Lanzen des 4. und 5. Jahrhunderts lassen sich grob in drei Formengruppen gliedern, die sich hauptsächlich aufgrund ihrer unterschiedlichen Blattquerschnitte voneinander abgrenzen. Als weiteres Unterscheidungsmerkmal gilt daneben die Art der Tülle. So sind für diese Zeit sowohl geschlitzte als auch geschlossene Tüllen überliefert. Schlitztüllen werden durch die Spannung des Metalls am Schaft festgehalten, während Volltüllen in der Regel mit einem Stift oder einem durchgehenden Schaftnagel gesichert sind. An geschlossenen Tüllen treten in dieser Periode zuweilen auch lappenartige Fortsätze auf, die ebenfalls der besseren Befestigung dienen.

Die zahlenmäßig größte Gruppe stellen Lanzenspitzen mit Volltülle und flachrhombischem Blattquerschnitt dar (**Abb. 17, 1**), die gleichsam in links- und rechtsrheinischen Waffengräbern vertreten sind. Ihr Blatt ist schlankoval bis leicht rautenförmig und ihre Länge kann zwischen 20 und 48 cm betragen. Die zweite Formengruppe zeichnet sich durch eine Schlitztülle und einen gestuften Querschnitt des Blattes aus (**Abb. 17, 2**). Es sind sowohl Exemplare mit schlankovalem als auch breitovalem Blatt überliefert. Diese Spitzen, die in der Länge zwischen 20 und 40 cm messen, sind regional auf den Bereich links des Rheins beschränkt.

Von den beiden oben genannten Gruppen heben sich die Lanzenspitzen mit kräftig ausgeprägter, mehr oder weniger scharfkantiger Mittelrippe ab (**Abb. 17, 3**). Sie besitzen ein schlankovales oder auch rautenförmiges Blatt und haben meist eine geschlossene Tülle. Ihre durchschnittliche Länge liegt bei 25 bis 30 cm. Vermutlich gehörte auch die bei Auffindung bereits stark korrodierte Spitze aus dem Childerichgrab von Tournai (B) ursprünglich dieser Formengruppe an (**Bd. 1 / Tafel S. 13, D**), die hauptsächlich im linksrheinischen Gebiet auftritt.

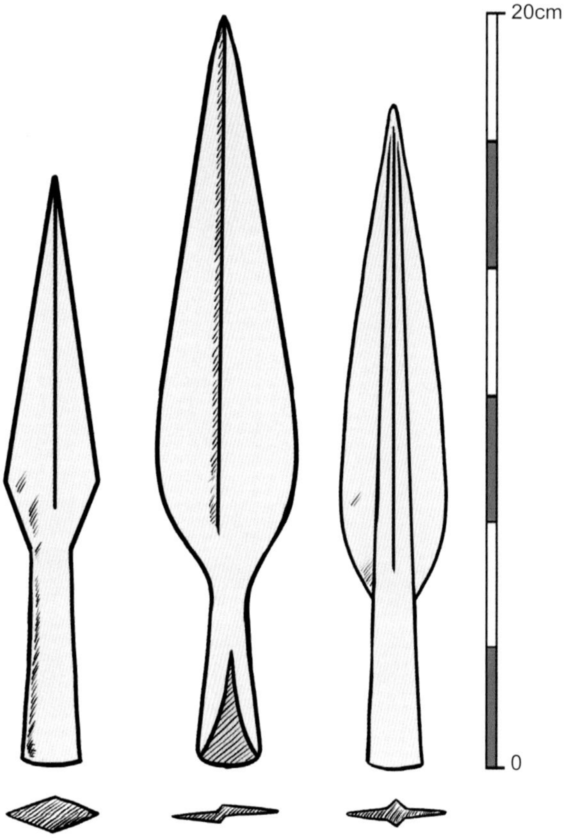

Abb. 17: **Lanzenformen und Klingenquerschnitte des 4. bis 5. Jh.**
1 FO: Vieuxville (B)
2 FO: Vert-la-Gravelle (F) Grab 6
3 FO: Rhenen (NL) Grab 833

Jagdspieß/Saufeder

Eine enge Verwandtschaft zur letzten Gruppe zeigen Lanzenspitzen, die sich durch ein massives lanzettförmiges Blatt mit deutlicher Mittelrippe und vierkantiger Blattspitze sowie seitliche Aufhalter auszeichnen. Allerding handelt es sich bei diesen nicht um Kriegswaffen sondern um spezielle Jagdspieße zum Töten von Sauen und Bären, die deshalb auch als „Saufedern" bezeichnet werden. Das kräftige lange und scharfe Blatt ist darauf ausgelegt, beim Stoß in den Brustkorb des Tieres Herz, Lunge und Hauptblutgefäße so zerstören, dass der sofortige Tod eintritt. Die Aufhalter sollen wiederum ein zu tiefes Eindringen der Waffe verhindern und somit das gefährliche Wild auf sicheren Abstand halten. Sie sind entweder an die geschlossene Tülle angeschmiedet oder nur mit dieser und dem Schaft vernietet und durch mehrfache Drahtumwicklungen zusätzlich befestigt. Besonders bei frühen Exemplaren sind die Enden der Aufhalter oft als Tierköpfe ausgebildet. Die Länge der Spitzen einschließlich Aufhalter liegt in der Regel zwischen 39 und 51 cm. Ein weiteres Charakteristikum dieser Jagdwaffen ist ihr extrem starker Schaft. Der Tüllendurchmesser beträgt meist um die 4,5 cm, während der von Kriegslanzen gewöhnlich bei 2,5 bis 3 cm liegt. Saufedern stellen eine von den Römern

103 Tours: HF V, 32 u. HF X, 15.

104 Tours: HF III, 15; HF VII, 46 u. VJ I.

übernommene Entwicklung des 4. Jahrhunderts dar und sind vornehmlich bis in das 6. Jahrhundert hinein nachgewiesen. Danach tauchen sie nur noch sehr selten auf, was jedoch eher auf eine veränderte Beigabensitte zurückzuführen ist, da derartige Jagdwaffen in nur unwesentlich veränderter Form bis in die Neuzeit hinein in Gebrauch geblieben sind. Der Einsatz von Saufedern ist durch mehrere spätantike römische Darstellungen überliefert. So ist auf dem sizilianischen Piazza Armerina-Mosaik unter anderem eine Jagdszene zu sehen, wo eine Sau mit einer solchen knapp zwei Meter langen Waffe gespießt wird (Abb. 18). Auch auf dem versilberten Bronzeteller des reichen Waffengrabes von Saint-Rimay (F) und auf dem Bruchstück eines Silberbeckens aus dem Schatzfund von Hammersdorf sind Jagdszenen dargestellt, die mit Saufedern bewaffnete Jäger zeigen.

Abb. 18: **Jagdszene, Piazza Armerina-Mosaik (I)**
(Umzeichnung)
Dat.: 2. Hälfte 4. Jh.

Aus Hammelburg ist ein auffallend kleines Exemplar erhalten, das samt Aufhaltern lediglich 33,3 cm lang ist (**Tafel 6, B**). Diese sind oben an der Tülle mit einem durchgehenden Schaftnagel festgenietet, während die unteren umgebogenen Enden ursprünglich in das Schaftholz eingeschlagen und versenkt waren. Ein mit 69 cm Länge außerordentlich großer Vertreter ist dagegen aus Grab 1782 von Krefeld-Gellep überliefert (**Tafel 6, A**). Hier sind die beiden Aufhalter an die Tülle angeschmiedet, die in zwei bandförmige Federn ausläuft. Die Enden der Federn werden wiederum durch einen aufgeschmiedeten Ring zusammengehalten.

Einige erhaltene Saufedern sind mit aufwändigen Einlagen aus Bunt- und Edelmetall reich verziert. Allerdings dürfte es sich bei ihnen der Funktion nach weniger um Jagdwaffen als vielmehr um Prunklanzen handeln. Sie werden daher in dem entsprechenden Abschnitt dieser Arbeit behandelt.

Fränkische Lanzen des 6. bis 7. Jahrhunderts

Hinsichtlich der Lanzenspitzen begegnet uns im 6. und 7. Jahrhundert eine reiche Formenvielfalt. Sie ergibt sich aus den verschiedenen Kombinationsmöglichkeiten der einzelnen Merkmale wie Größe, Tüllenart, Tüllenform, Blattumriss, Blattquerschnitt und Verhältnis von Blatt- zu Tüllenlänge, von denen jedes eine mehr oder minder starke Variabilität aufweist. Sämtliche überlieferten Varianten hier vorzustellen ist daher kaum möglich. So werden in der Übersicht auf den Seiten xy und xy auch nur die wesentlichen Formengruppen des 6. bis frühen 8. Jahrhunderts aufgeführt, die mehr oder weniger im gesamten Reihengräberbereich verbreitet sind. Sonderformen sowie regional begrenzte Typen, die nur außerhalb des fränkischen Stammesterritoriums auftreten, sind dagegen nicht enthalten.

Das gesamte 6. Jahrhundert hindurch dominieren Lanzen mit geschlitzter Tülle. Dazu zählt auch die bereits ab dem 5. Jahrhundert auftretende Form, die sich durch ein langes, schmales und weitgehend geradkantiges Blatt auszeichnet (**Abb. 19, 1**).

Typisch für das 6. Jahrhundert sind jedoch langhalsige Lanzenspitzen mit Schlitztülle und relativ kurzem Blatt. Die älteste, in der ersten Jahrhunderthälfte vorherrschende Variante weist neben einem langen Hals ein kleines rautenförmiges oder spitzovales Blatt auf (**Abb. 19, 4**). Die Länge dieser Spitzen liegt meist bei 30 bis 47 cm. Als typischer Vertreter kann das in Nettersheim gefundene 42,8 cm lange Exemplar mit rhombischem Blattumriss gelten (**Tafel 6, D**). Ungewöhnlich bei der 38 cm langen Spitze aus Grab 6 von Westheim ist dagegen, dass die Schlitztülle zusätzlich mit einem eisernen Schaftniet gesichert ist (**Bd. 1 / Tafel S. 51**). Die 49 cm messende Lanzenspitze aus dem Fürstengrab von Planig fällt wiederum wegen der langen, spitzen Form ihres Blattes aus dem Rahmen (**Bd. 1 / Tafel S. 29**).

Ab dem zweiten Viertel des 6. Jahrhunderts erscheint dann eine längere Variante, deren Blatt meist langoval gestaltet ist (**Abb. 19, 5**). Dieser kann aufgrund ihrer Länge von 52 cm die Spitze aus Grab 61 von Wünnenberg-Fürstenberg zugeordnet werden, die allerdings noch ein kurzes, spitzovales Blatt besitzt (**Bd. 2 / Tafel S. 7**). Im dritten Viertel des Jahrhunderts erreichen Lanzenspitzen dieses Typs schließlich eine Länge von über 60 cm. Als Beispiel kann das 62 cm lange Exemplar mit langovalem Blatt aus dem „Sängergrab“ von Trossingen aufgeführt werden (**Tafel 5, B**). Außergewöhnlich ist hier, dass der Schaft aus Haselholz in mehreren Teilstücken in seiner gesamten Länge erhalten ist, so dass für die Lanze eine ursprüngliche Gesamtlänge von 359 cm rekonstruiert werden kann. Auch ist die Schlitztülle am Schaftholz zusätzlich mit zwei großen gerippten Nieten aus Bronze befestigt. Derartige gerippte Bronzeniete sind auch von Spitzen mit Schlitz und Volltülle aus anderen reich ausgestatten Gräbern der Zeit vom letzen Drittel des 6. bis ersten Viertel des 7. Jahrhunderts überliefert.

Zeitgleich mit der langen Variante treten auch kurze Lanzenspitzen dieses Typs auf, die in der Länge weniger als 30 cm messen und ein kleines Blatt besitzen (**Abb. 19, 6**). So ist die in die zweite Hälfte des 6. Jahrhunderts datierende schmalblätterige Spitze aus Grab 261 von Kleinlangheim nur etwas über 24 cm lang (**Bd. 1 / Tafel S. 59**).

Eine typische Erscheinung der Zeit um 600 ist eine Lanzenform, die sich durch eine geschlossene, meist runde Tülle und ein gedrungenes, ovales Blatt mit Mittelrippe auszeichnet und als „Typ Dorfmerkingen“ bekannt ist (**Abb. 19, 7**). Dieser Phase ist auch das 21,2 cm lange, aus dem bajuwarischen Gräberfeld von Pocking-Inzing überlieferte Exemplar zeitlich zuzuordnen (**Tafel 6, F**). Einen recht frü-

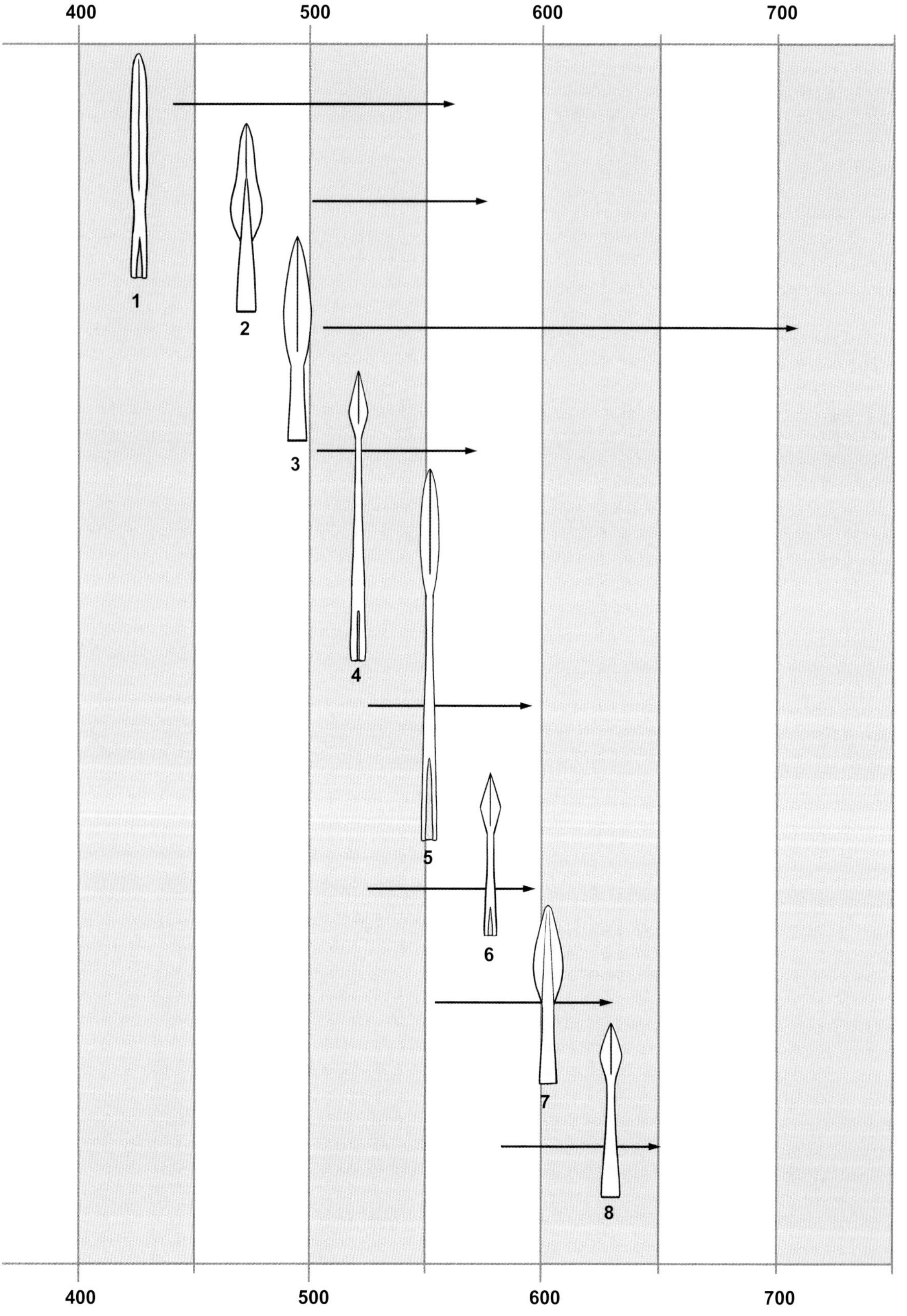

Abb. 19: **Fränkische Lanzentypen des 5. bis 7. Jh**.
(in Anlehnung an das Chronologiemodell der AG Franken Bonn)

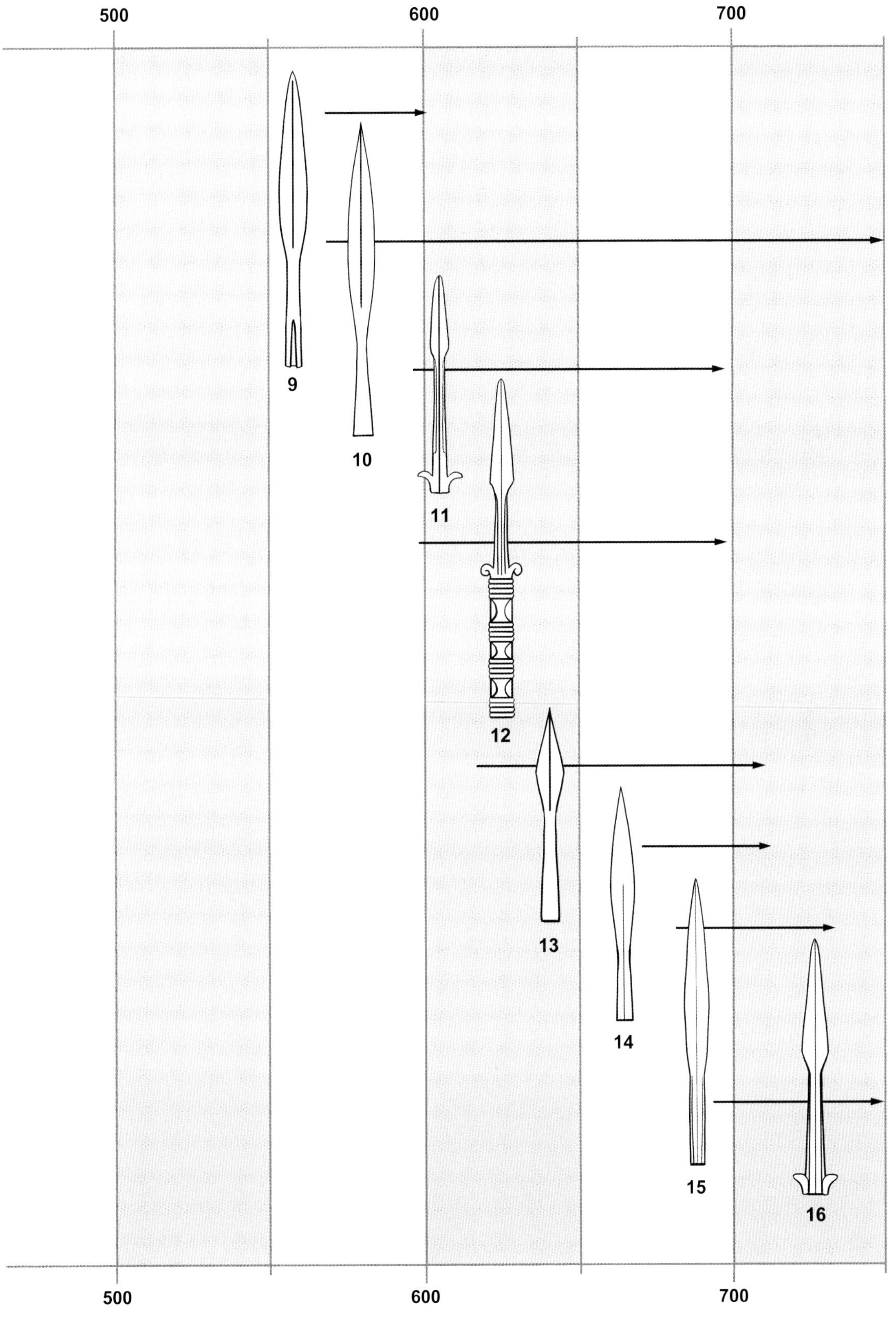
500
600
700
9
10
11
12
13
14
15
16
500
600
700

hen Vertreter dieser vornehmlich im alamannischen, bajuwarischen und auch langobardischen Raum verbreiteten Formengruppe stellt dagegen die in das dritte Viertel des 6. Jahrhunderts datierende 30,9 cm lange Spitze aus dem Fürstengrab von Gammertingen dar (**Bd. 1 / Tafel S. 53**). Ihr Blatt ist mit eingepunzten Ornamenten verziert, während ihre Tülle mit zwei eisernen Nieten mit profiliertem bronzenen Rand und einem etwa 3 cm breiten Eisenreif am Schaft befestigt ist (**Bd. 2 / Tafel S. 61**).

Eine geschlossene Tülle und eine ausgeprägte Mittelrippe besitzen auch Lanzen des Typs Hellmitzheim, für die ein geschweifter Blattumriss und Punzverzierungen kennzeichnend sind (**Abb. 19, 2**). Zeitlich fallen sie in die ersten beiden Drittel des 6. Jahrhunderts, sind aber besonders in der Zeit um die Jahrhundertmitte in alamannischen Gräbern typisch[105]. Die in die erste Hälfte des 6. Jahrhunderts datierende 35 cm lange Spitze dieses Typs aus dem Grab 204 von Westheim weist ein mit einem doppelten Wolfszahnband verziertes geschweiftes Blatt und eine vierkantige Volltülle auf (**Tafel 5, C**).

Das ganze 6. und 7. Jahrhundert hindurch sind auch Lanzenspitzen mit runder Volltülle und spitzovalem Blatt ohne Mittelrippe nachgewiesen, die in der Breite erheblich variieren können (**Abb. 19, 3**). Ebenso wie bei den Typen Dorfmerkingen und Hellmitzheim handelt es sich bei diesen um eine relativ kurze Form, deren maximale Länge 38 cm nicht überschreitet. So misst das Exemplar aus Grab 1782 von Krefeld Gellep lediglich 27,5 cm (**Bd. 1 / Tafel S. 37**), während das aus Morken immerhin 32,8 cm lang ist (**Bd. 2 / Tafel S. 29**). Einen recht späten Vertreter stellt dagegen die 34,5 cm lange Spitze aus dem Kriegergrab von Heddesheim aus der Zeit um 700 dar, die an der Tülle zudem zwei zierende Perlrandniete aufweist (**Tafel S. 65**).

Eine weitere Form mit geschlossener runder Tülle und kurzem Blatt ohne Mittelrippe ist zeitlich auf das ausgehende 6. und frühe 7. Jahrhundert beschränkt. Sie grenzt sich von der zuvor beschriebenen Gruppe dadurch ab, dass ihre Tüllenlänge deutlich mehr als die Hälfte ihrer Gesamtlänge ausmacht (**Abb. 19, 8**). Damit lässt sie eine enge Verwandtschaft zu den Lanzenspitzen mit langem Tüllenhals erkennen, die im 6. Jahrhundert vorherrschen und schließlich gegen dessen Ende von schwereren Lanzen mit kürzerer Tülle und langem Blatt abgelöst werden.

Von dieser im letzten Drittel des 6. Jahrhunderts aufkommenden neuen Formengruppe, die sich durch ein langes, ovales oder gedrückt rhombisches Blatt auszeichnet, treten zunächst zeitgleich eine Variante mit geschlitzter Tülle (**Abb. 19, 9**) und eine mit geschlossener Tülle auf (**Abb. 19, 10**). Da zu Beginn des 7. Jahrhunderts jedoch Lanzen mit Schlitztülle generell außer Gebrauch kommen, verbleibt lediglich die Variante mit Volltülle, deren Laufzeit bis weit in das 8. Jahrhundert reicht. Zu dieser zählt auch das 44,4 cm lange Exemplar aus Grab 9 von Herrsching am Ammersee, das in das zweite Viertel des 7. Jahrhunderts datiert (**Bd. 2 / Tafel S. 61**). Sein Blatt ist mit durch Doppelrillen verbundenen Kreisaugen verziert, während ein umlaufendes Eisenband das Tüllenende verstärkt. Wesentlich einfacher gestaltet ist dagegen die 42,8 cm lange Spitze aus Grab 75 von Donzdorf aus dem zweiten Drittel des 7. Jahrhunderts (**Tafel S. 23**).

Neben diesen schweren Lanzen kommt im letzten Drittel des 7. Jahrhunderts noch eine etwas leichtere Variante auf, für die eine vier- oder sechskantig facettierte Tülle und ein schlankovales Blatt charakteristisch sind (**Abb. 19, 14**). Nur unwesentlich jünger sind lanzettförmige Spitzen, deren zylindrische Achtkanttülle etwa ein Drittel der Gesamtlänge ausmacht (**Abb. 19, 15**). Diese Lanzen, deren Verbreitungsgebiet sich vornehmlich über die südlichen Reichsteile erstreckt, werden allgemein als Typ „Egling“ bezeichnet und bleiben noch das ganze erste Drittel des 8. Jahrhunderts hindurch in Gebrauch. Zu ihnen gehört auch das 31,5 cm lange Exemplar aus Grab 50 von Kirchheim/Ries, an dessen Tüllenende zwei halbkugelige silberne Zierniete mit Kerbrand sitzen (**Tafel 6, C**). Dabei stellen sowohl endständige Nietköpfe als auch Zierrillen typische Merkmale dieser Form dar.

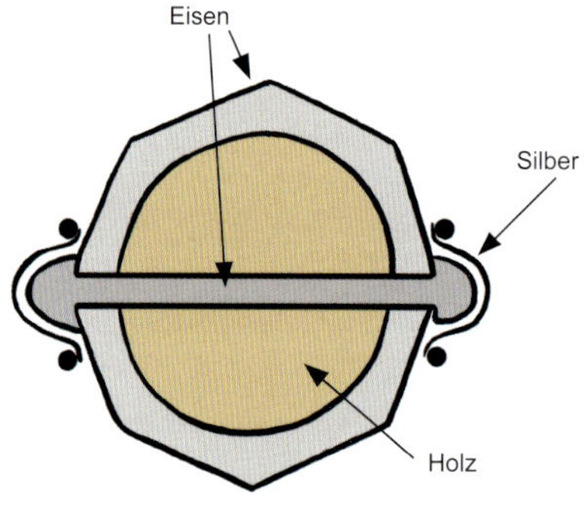

Abb. 20: **Tüllenquerschnitt einer Lanze vom Typ Egling** (Schema)
FO: Kirchheim/Ries Grab 50, TDm. 2,5 cm, Dat.: um 700

Bereits ab dem frühen 7. Jahrhunderts treten zudem vereinzelt Lanzenspitzen mit mittellangem, gedrückt rhombischem Blatt in Erscheinung, die sich dadurch auszeichnen, dass ihre runde Volltülle immer deutlich länger ist als das Blatt (**Abb. 19, 13**). Offenbar sind sie aus den volltülligen Nachfolgern der langhalsigen Spitzen des 6. Jahrhunderts hervorgegangen und stellen somit die letzte Entwicklungsstufe dieser Gruppe dar. Ihre Laufzeit reicht bis in das beginnende 8. Jahrhundert hinein.

Byzantinische Reiterlanzen

Im ausgehenden 6. Jahrhundert erscheint im Fundgut eine völlig neuer Lanzentyp. Es handelt sich um kurze spießartige Spitzen mit geschlossener Tülle und sehr schmalem Blatt mit vierkantigem Querschnitt. Von diesen sind verschiedene Varianten überliefert, die sich wiederum zwei unterschiedlichen regionalen Gruppen mit je einem eigenen Verbreitungsgebiet zuordnen lassen. So sind aus frühawarischen Reitergräbern des Karpatenbeckens Spieße mit bandförmigem Gitterornament auf der Tülle sowie unverzierte Ausführungen derselben Form erhalten. In Süddeutschland und Italien gefundene Spitzen weisen dagegen an der häufig facettierten Tülle Wulstverzierungen auf und sind zudem oft in der Klingenmitte mit Zierrillen versehen. Innerhalb des Frankenreiches sind sie im gesamten alamannischen und bajuwarischen Gebiet weit verbreitet. Die nur in geringer Zahl vorliegenden Funde aus ostfränkischen Gräbern sind indessen als Ausnahmen zu betrachten. Allerdings stammen nur wenige der alamannischen und bajuwarischen Spieße aus Reitergräbern, so wie das aus Grab 3a von Niederstotzingen erhaltene Exemplar (**Tafel 6, G**). Die weitaus meisten Vertreter dieser Gruppe gehören dagegen zu Grabinventaren nichtberittener Krieger. Die Niederstotzingener Lanzenspitze ist 22,5 cm lang und hat eine achteckige wulstverzierte Tülle von 2 cm Durchmesser

105 *Geschweifte Blätter treten zuvor bei Lanzentypen des 4. u. 5. Jh. als Ausnahmeerscheinung auf.*

Tafel 5: **Lanzen**

A1 **A2** **A** **B** **B1** **G**

A Aufhalterlanze, FO: Niederstotzingen Grab 6, GL. 240 cm, Dat.: 2. Viertel 7. Jh.
A1 Lanzenspitze u. Schaftbeschläge, L. 67 cm; **A2** Lanzenschuh, L. 5 cm
B Reiterlanze, FO: Trossingen Grab 58, GL. 359 cm, Dat.: 2. Viertel 6. Jh.; **B1** langtüllige Lanzenspitze, KL. 62 cm
C Lanze Typ Hellmitzheim, FO: Westheim Grab 204, KL. 35 cm, Dat.: 1. Hälfte 6. Jh.

sowie ein schmales, nur 1,5 cm breites und 1 cm dickes Blatt, das beiderseits in der Mitte mit einer Rille verziert ist.

Während Lanzen mit scharfgeschliffenen, breiteren Blattspitzen darauf ausgelegt sind, dem Gegner möglichst schwere Verletzungen zuzufügen, sind solche mit kurzen, schmalen und im Querschnitt fast vierkantigen Klingen eher dazu geeignet, Ziele mit harter Oberfläche zu durchdringen. Mit derartigen panzerbrechenden Spitzen war bekanntlich die als *„KONTOS“* bezeichnete Stoßlanze der byzantinischen Reiterei bestückt. In der neueren Forschung geht man daher davon aus, dass es sich bei diesen spießartigen Lanzenspitzen um Erzeugnisse zweier verschiedener byzantinischer Werkstattkreise handelt, die in unterschiedliche Absatzgebiete, nämlich in das awarisch besiedelte Karpatenbecken und in das langobardische Italien, exportiert wurden[106]. Durch langobardische Vermittlung gelangten sie dann schließlich zu den Alamannen und Bajuwaren, wo sie anscheinend auch nachgeahmt wurden. Auffällig ist dabei, dass im alamannisch-bajuwarischen Siedlungsgebiet, gemäß der Fundsituation, hauptsächlich das Fußvolk von diesen byzantinischen „Reiterlanzen“ Gebrauch machte, was bedeutet, dass sie dort nicht im Sinne ihrer eigentlichen Bestimmung verwendet wurden. Zudem dürfte seinerzeit im Fränkischen Heer wegen seiner mehrheitlich ungepanzerten Gegner kaum ein wirklicher Bedarf für eine derartige Waffenform bestanden haben. Hierin liegt vermutlich die Ursache, dass dieser Lanzentyp im Merowingerreich nicht weiter verbreitet ist und sich auch nicht dauerhaft im süddeutschen Raum durchsetzen konnte, wo er bereits im zweiten Drittel des 7. Jahrhunderts ausläuft.

Haken- und Aufhalterlanzen

Ab dem ausgehenden 6. Jahrhundert treten bei einigen Kriegslanzen Aufhalter auf, wie wir sie schon von den früheren Saufedern her kennen. Auch hier ist zwischen Spitzen mit festen (**Abb. 19, 11**) und solchen mit separaten Aufhaltern (**Abb. 19, 12**) zu unterscheiden. Erstere werden auch als „Hakenlanzen“ bezeichnet und sind fast ausschließlich westlich des Rheins verbreitet, mit einem deutlichen Schwerpunk im Gebiet der Sombre, einem linken Nebenfluss der Maas. Ihre rundstabigen Aufhalter können dabei entweder angeschmiedet oder aus dem Material herausgearbeitet sein. Die beiden älteren, bereits im späten 6. Jahrhundert aufkommenden Varianten weisen eine spitzovale Blattform sowie ein Hakenpaar auf, das sich entweder nahe der Mitte oder am Ende der unfacettierten Tülle befinden kann, auf (**Abb. 21, 1 u. 2**). Eine weitere Gruppe von Hakenlanzen, die sich durch ein rautenförmiges Blatt, runde Tülle und zusätzliche Schaftverstärkungen auszeichnen, dürfte dagegen zeitlich in die erste Hälfte des 7. Jahrhunderts fallen (**Abb. 21, 3**). Eine lange facettierte Tülle und ein schmales kurzes Blatt sind wiederum für die jüngste Variante kennzeichnend, die ab der zweiten Hälfte des 7. Jahrhunderts nachweisbar ist und gegen Ende desselben von der aus ihr hervorgegangenen Flügellanze abgelöst wird (**Abb. 21, 4**).

Lanzen mit separaten Aufhaltern, deren Laufzeit sich in etwa mit der der Hakenlanzen deckt, lassen sich in vier Untergruppen mit drei unterschiedlichen Verbreitungsgebieten einteilen. Gemeinsames Kennzeichen sind stangenförmige Aufhalter, deren obere Enden an das Tüllenende angenagelt sind, während die unteren in das Schaftholz eingeschlagen wurden. Entlang des Schaftes sind sie zudem von gelappten Zierblechen bedeckt und durch mehrere Drahtumwicklungen zusätzlich gesichert. Obwohl diese Schaftbeschläge, bedingt durch Korrosion und ihre ohnehin geringe Materialstärke, ebenso wie die Aufhalter selbst nur in den seltensten Fällen vollständig erhalten sind, ist dennoch davon auszugehen, dass es sich bei ihnen um regelhafte Merkmale handelt. Eine Ausnahme stellt in dieser Hinsicht die Lanze aus Grab 607von Sasbach dar, die außer den zwei Aufhaltern offenbar über keinerlei zusätzliche Beschläge verfügte.

Charakteristisch für die beiden fränkischen Varianten mit runder oder facettierter Tülle, deren Verbreitung sich hauptsächlich über die nieder- und mittelrheinischen Regionen erstreckt, sind Aufhalter mit nach außen eingerollten oberen Enden, die eine annähernd kreisförmige Scheibe bilden (**Abb. 22, 3 u. 4**). Spitzen der im langobardischen und alamannischen Bereich verbreiteten Gruppe zeichnen sich hingegen durch eine lange facettierte Tülle und ein schmales spießartiges Blatt aus, das dem der byzantinischen Reiterlanzen entspricht (**Abb. 22, 1**). Die oberen Enden der Aufhalter sind stab- oder auch flügelförmig ausgeprägt. Aufgrund ihrer byzantinischen Blattform und ihres Auftretens in langobardischen Waffengräbern wird vermutet, dass es sich bei diesen Aufhalterlanzen um Importe, beziehungsweise Kopien, einer aus Italien stammenden Form handelt. Allerdings ist auch nicht auszuschließen, dass die Einflussnahme in entgegengesetzter Richtung stattgefunden hat. Eine regional auf den Donauraum beschränkte Variante ist wiederum durch eine lange runde Tülle und ein dekoriertes Blatt gekennzeichnet (**Abb. 22, 2**).

Aus dem Grab 6 des Friedhofs von Niederstotzingen ist eine zur langobardisch-alamannischen Untergruppe gehörige Aufhalterlanze überliefert, deren Beschläge günstigerweise fast vollständig erhaltenen sind und somit eine zuverlässige Rekonstruktion ermöglichen (**Tafel 5, A1**). Zeitlich fällt sie in das zweite Viertel des 7. Jahrhunderts. Die Länge der Spitze beträgt 39 cm. Davon entfallen 24 cm auf das mit Rillen und Punktkreisen verzierte flachrhombische Blatt und 15 cm auf die achtkantige Tülle von 2,8 cm Durchmesser. Seitlich sind ein Paar Aufhalter mit rechteckig ausgeschmiedeten oberen Enden angebracht. Der Schaft ist auf einer Länge von 28 cm mit Lappungen und Drahtumwicklungen beschlagen. Damit ist die Spitze einschließlich Aufhalter und Beschläge also insgesamt ganze

106 Freeden 1991, S. 116 ff.

A Saufeder, FO: Gellep Grab 1782, L. 69 cm, Dat.: 1. Viertel 6. Jh.
B Saufeder, FO: Hammelburg, L. 33,3 cm, Dat.: spätes 5. Jh.
C Lanze Typ Egling, FO: Kirchheim/Ries Grab 50, KL. 31 cm, Dat.: um 700
D langtüllige Lanze, FO: Nettersheim, KL. 42,8 cm, Dat.: 1. Hälfte 6. Jh.
E Lanze Typ Pfullingen, FO: Haldenegg Grab 1, KL. 50 cm, Dat.: 1. Hälfte 8. Jh.
F Lanze Typ Dorfmerkingen, FO: Inzing, KL. 21,2 cm, Dat.: um 600
G byzantinische Reiterlanze, FO: Niederstotzingen Grab 3a, KL. 22,5 cm, Dat.: um 600
H leichter Wurfspeer, FO: Vermand III (F) Grab B, Dat.: um 400
I Geschossspitzen, FO: Wünnenberg-Fürstenberg Grab 61, Dat.: 3. Viertel 6. Jh.; **I1** KL. 15,4 cm; **I2** KL. 10,1 cm; **I3** KL. 9,6 cm
J Widerhakenspeer, FO: Ihringen, KL. 56 cm, Dat.: 1. Viertel 5. Jh.

Tafel 6: **Lanzen und Speere**

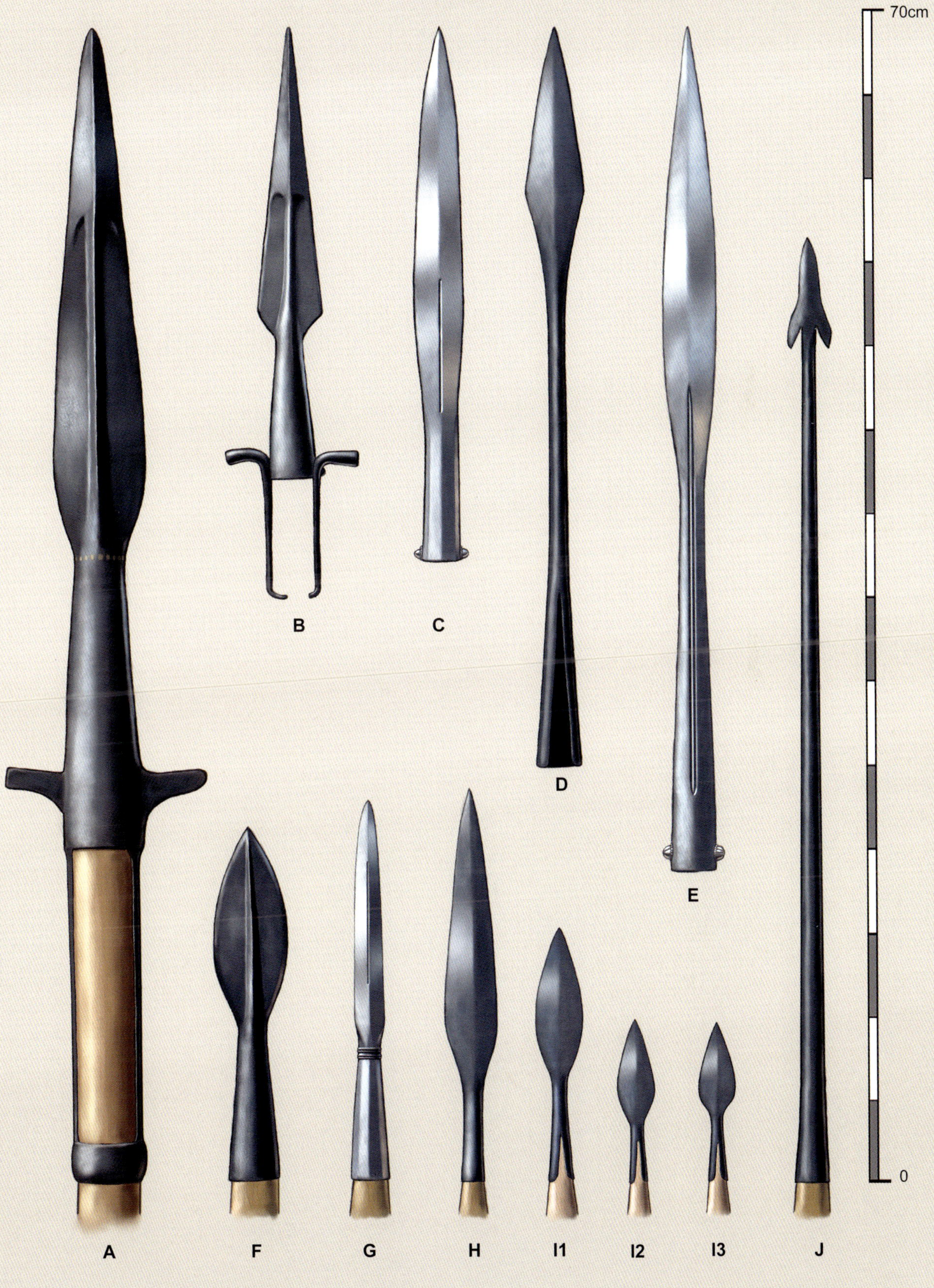

67 cm lang. Bemerkenswert ist, dass außer den beiden großen seitlichen Aufhaltern an den Breitseiten einst noch zwei kleine befestigt waren, von denen nur noch einer vollständig erhalten ist. Sein hakenförmig umgebogenes oberes Ende ist zu einem kleinen stilisierten Tierkopf geformt. Zu diesem Fund gehört auch ein 5 cm langer eiserner Lanzenschuh von 2 cm Durchmesser (**Tafel 5, A2**), aus dessen Position im Grab ersichtlich ist, dass die komplette Lanze eine ursprüngliche Länge von etwa 240 cm gehabt haben muss (**Tafel 5, A**). Lanzenschuhe stellen im merowingerzeitlichen Fundgut eine absolute Ausnahme dar. So ist ansonsten nur noch aus Grab 25 von Basel-Bernerring (CH) eine runde Zwinge belegt, die sich als Lanzenschuh deuten lässt. Aus dem frühen 5. Jahrhundert stammt zudem ein dornförmiger Lanzenschuh der im Kriegergrab von Hermes (F) gefunden wurde.

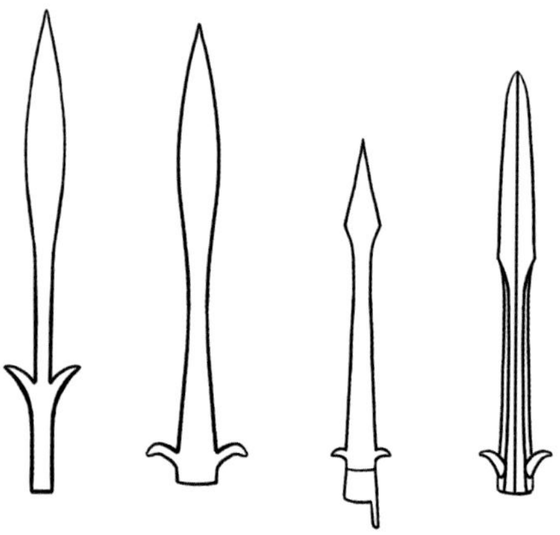

Abb. 21: **Hakenlanzen**

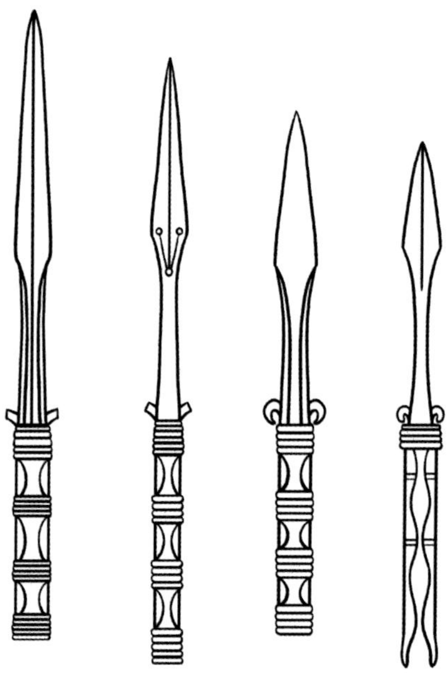

Abb. 22: **Aufhalterlanzen**

Leitformen des 8. Jahrhunderts

Gegen Ende des 7. Jahrhunderts werden die fränkischen Hakenlanzen mit nach oben geschwungenen rundstabigen Aufhaltern von der für die Karolingerzeit typischen Form mit rechtwinkelig abstehenden flachen Fortsätzen abgelöst (**Abb. 19, 16**). Sie wird aufgrund der flügelförmigen Aufhalter allgemein als „Flügellanze" angesprochen und bleibt bis in das 10. Jahrhundert hinein in Gebrauch. Im Laufe der Jahrhunderte wandelt sich ihre äußere Form, wobei eine sinnvolle Einteilung in fünf erkennbare Entwicklungsstufen und eine Übergangsform vorgenommen werden kann[107].

Die frühen Flügellanzen der ersten Stufe (Typ I) zeigen in ihrer sehr schlanken Gestalt noch eine große Nähe sowohl zu den späten fränkischen Hakenlanzen als auch dem aufhalterlosen Typ Pfullingen (**Abb. 23, 1**). Ihr auffälligstes Merkmal ist daher die lange Halspartie zwischen Tülle und Blatt. Der maximale Durchmesser der ebenfalls langen Tülle mit rundem oder oktogonalem Querschnitt beträgt durchschnittlich 2,8 cm. Die bis zu 54 cm langen Spitzen haben kurze kompakte Flügel, deren Spannweiten von maximal 7 cm die Breite des Blattes nur wenig überschreiten. Bei den Flügellanzen der Entwicklungsstufe I, deren Laufzeit das Ende des 7. und die erste Hälfte des 8. Jahrhunderts umfasst, sind zwei unterschiedliche Werkstattkreise auszumachen. Demgemäß sind Lanzen des nördlichen Kreises in der Regel damasziert, während die des südlichen regelhaft nicht damasziert sind, dafür aber oft endständige Ziernietköpfe an der Tülle aufweisen, die bei den nördlichen Spitzen wiederum gänzlich fehlen.

Ab der Mitte des 8. Jahrhunderts lösen die Flügellanzen der Entwicklungsstufe II (Typ II) dann die älteren Formen ab und bleiben bis in die erste Hälfte des 9. Jahrhunderts in Gebrauch (**Abb. 23, 3**). Im Vergleich zu ihren Vorgängern sind sie vorherrschend von einer mehr gedrungenen Gestalt. Die Tülle ohne Halspartie schließt jetzt direkt an das Blatt an, wobei sich das Verhältnis von Blattlänge zu Tüllenlänge erheblich verändert. Der durchschnittliche Maximaldurchmesser der kürzeren Tülle mit rundem oder polygonalem Außenquerschnitt vergrößert sich auf 3 cm. Auch wird das meist damaszierte Blatt wesentlich breiter. Die im Querschnitt flachrechteckigen Flügel entwickeln eine recht einheitliche charakteristische Form, wobei ihre Spannweite von bis zu 9,2 cm die Breite des Blattes erheblich überschreitet. Zudem sind sie ebenso wie die Tülle häufig mit Riefen verziert. Insgesamt sind die Spitzen neueren Typs kräftiger gebaut, was ihnen wiederum ein bedeutend höheres Gewicht verleiht. Ein entsprechendes Exemplar mit einer Länge von 44,3 cm und einer Flügelspannweite von 7,6 cm wurde aus dem Rhein bei Mainz geborgen[108]. Seine Tülle zeigt einen zunächst rechteckigen und dann runden Außenquerschnitt und lässt noch ein Dekor aus vier längslaufenden Riefenpaaren und Kehlen erkennen.

Auch sind von diesem Lanzentyp bildliche Darstellungen überliefert. So ist auf dem bekannten „Reiterstein von Hornhausen" ein bewaffneter Krieger zu sehen, dessen Flügellanze in ihrer Form eindeutig dem Typ II entspricht und deren Mittelbahn zweifellos eine Damaszierung zeigt[109] (**Abb. 24**). Bislang wurden für den Hornhäuser Stein Entstehungszeiten publiziert, die sich innerhalb der

107 *Westphal 2002, S. 254 ff.: Es werden die Typen I, I/II, II, III, IV u. V unterschieden, von denen aufgrund ihrer Zeitstellung jedoch nur die ersten 3 in unsere Betrachtung mit einbezogen werden.*

108 *Siehe Farbtafel „Karolingischer leichter Reiter, Narbonne 759 n. Chr." im noch erscheinenden Bd. 4.*

109 *Westphal 2002, S. 264.*

Spanne von der ersten Hälfte des 7. Jahrhunderts bis zur Zeit um 700 bewegen[110]. Aufgrund der klar zuzuordnenden Lanzenspitze dürfte er jedoch eher aus der zweiten Hälfte des 8. Jahrhunderts stammen. Dies wiederspräche auch nicht der durch Radiokarbon-Datierung ermittelten Belegzeit des zugehörigen Friedhofs, die von der Mitte des 7. Jahrhunderts bis mindestens ins späte 8. Jahrhundert, oder gar dritte Viertel des 9. Jahrhunderts dauerte. Des Weiteren zeigen Illustrationen des 9. Jahrhunderts aus dem Stuttgarter Psalter Krieger mit äußerst detailgetreu wiedergegebenen Flügellanzen, die aufgrund ihrer Form als Typ II anzusprechen sind.

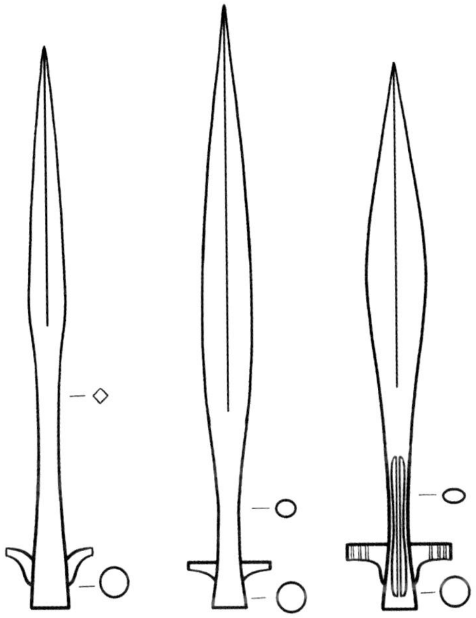

Typ I | I/II | II

Abb. 23: **Flügellanzen**

In der ersten Hälfte des 8. Jahrhunderts tritt neben den Lanzen der Entwicklungsstufe I noch eine als Typ I/II bezeichnete Übergangsform auf, deren Verbreitungsschwerpunkt im niederländischen Raum liegt (**Abb. 23, 2**). Ihr langes, schlankes Blatt erinnert an den Typ I, während sie sich in Bezug auf das Längenverhältnis von Blatt zu Tülle und das Fehlen einer ausgeprägten Halspartie dem Typ II annähert. Das gleiche gilt für die Flügel mit flachrechteckigem Querschnitt, die ebenso wie die runde oder achtkantige Tülle mit Riefen verziert sein können. Als Beispiel kann hier ein ursprünglich etwa 45,5 cm langes Exemplar aus Grab 68 von Sahlenburg angeführt werden[111]. Seine Tülle hat einen achteckigen Querschnitt, während sein Blatt beidseitig mit einem zweibahnigen Torsionsdamast furniert ist. Die beiden schlanken, leicht geschwungenen Flügel weisen eine Spannweite von 7,2 cm auf.

Warum sich mit Aufhaltern versehene Lanzen während des 8. Jahrhunderts schließlich in der Bewaffnung durchsetzten, ist nicht bekannt. Es wird spekuliert, dass die Fortsätze, indem sie ein tieferes Endringen der Lanze verhindern, das Wiederherausziehen erleichtern sollten, was wiederum für den Reiterkampf von Vorteil wäre. Dies erklärt allerdings nicht, warum das Fußvolk ebenso mit dieser Waffe ausgestattet war, was aus zahlreichen karolingerzeitlichen Illustrationen hervorgeht. Die Flügel könnten auch beim Fechten mit der Lanze als Parierstange gedient haben.

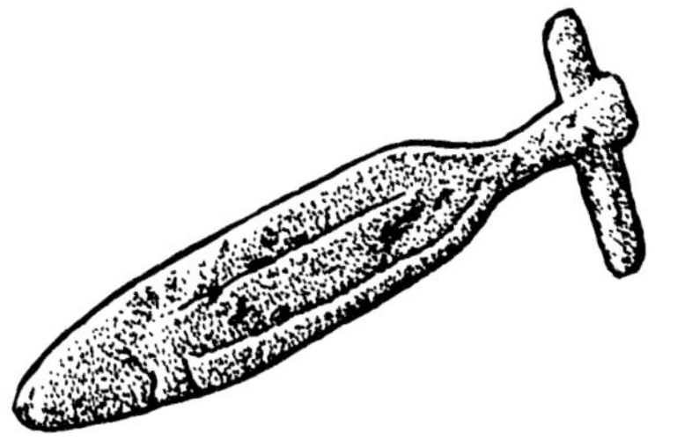

Abb. 24: **Flügellanze**
Bildstein von Hornhausen (Umzeichnung)

Neben den zeittypischen Flügellanzen sind besonders in der ersten Hälfte des 8. Jahrhunderts, noch weitere dem 7. Jahrhundert entstammende Formengruppen vertreten, so wie der bereits beschriebene „Typ Egling". Zu diesen gesellt sich noch kurz nach Beginn des 8. Jahrhunderts eine verbreitungsmäßig allerdings auf den südwestdeutschen und bayerischen Raum beschränkte Lanzenform, deren Laufzeit schon zur Jahrhundertmitte wieder endet. Sie ist auch als „Typ Pfullingen" bekannt und zeichnet sich durch eine stets abgerundet vierkantige Tülle und ein schlankes spitzovales Blatt aus. Zudem sind Tülle und Blatt beidseitig mit einem mittigen Rillenpaar verziert. Die deutliche Mehrzahl der Lanzen weist endständige Nietköpfe aus Bronze auf, die in der Regel silberplattiert und von einem Perlrand umgeben sind. Dabei sind Lanzen der nietenlosen Variante lediglich 23 bis 41,3 cm lang und damit im Durchschnitt wesentlich kürzer als die mit Nieten verzierten Spitzen, die in der Länge zwischen 30,5 und 52,3 cm messen. Zu letzteren zählt auch das aus dem alamannischen Kriegergrab von Haldenegg überlieferte 50 cm lange Exemplar aus dem frühen 8. Jahrhundert (**Tafel 6, E**). Dieses ist nicht nur auf der Tülle und dem unteren Blattteil beiderseits des Mittelgrates mit Rillen verziert, sondern auch auf der Tülle beiderseits der Seitengrate. Am Tüllenende befinden sich zudem ein Paar kerbverzierte versilberte Bronzeniete mit Perlrand.

Es kann somit der Schluss gezogen werden, dass die Typen Egling und Pfullingen, sowie die Flügellanzen der ersten Hälfte des 8. Jahrhunderts, die Hauptformen für die Endphase der Merowingerzeit darstellen.

Lanzenschaft

An dieser Stelle bietet es sich an, kurz auf den Aspekt der Lanzenschäfte einzugehen. Wie schon eingangs bemerkt, lassen sich über die hölzernen Schäfte der merowingerzeitlichen Lanzen und Speere kaum konkrete Aussagen machen, da diese nur in den seltensten Fällen überdauert haben. Meistens liegen sie dann auch bloß noch fragmentarisch vor und erlauben somit keine zuverlässige Rekonstruktion ihrer ursprünglichen Länge. Eine glückliche Ausnahme stellt deshalb die bereits erwähnte Lanze aus dem „Sängergrab" von Trossingen dar,da deren kompletter Schaft aus Haselholz in mehreren Bruchstücken erhaltenen ist. Seine beachtliche Länge beträgt 297 cm, was zusammen mit der Lanzenspitze eine Gesamtlänge von 359 cm ergibt (**Tafel 5, B**). Schaftfragmente aus Hasel sind auch aus den Gräbern 125 und 125a von Oberflacht überliefert. Aus mehreren Gräbern des Friedhofs von Köln-Müngersdorf sind wiederum Reste von Schäften aus Nadelholz, nachweislich

110 *Böhner 1982 u. Ament 2000: 1. Hälfte 7. Jh.; Steuer 1995: 7. Jh.; Schwarz 2002: Zt. um 700.*

111 *Siehe Farbtafel „Thüringischer Reiter, Vincy 717 n. Chr." im noch erscheinenden Bd. 4.*

Fichte und Tanne, erhalten. Des Weiteren sind noch Esche und Weißdorn als Schafthölzer belegt.

In einigen Fällen ist es sogar möglich, die ursprüngliche Länge der Schäfte zu ermitteln, ohne dass diese selbst überdauert haben. So hat der vergangene Schaft einer Lanze vom Typ Egling aus dem Grab 24 von Walsum eine bei der Grabung beobachtete Bodenverfärbung hinterlassen, die auf eine einstige Gesamtlänge von 220 cm schließen lässt. Bei der bereits vorgestellten Aufhalterlanze aus Grab 6 von Niederstotzingen, von der das Schaftholz lediglich auf der Länge der eisernen Beschläge erhalten ist, lässt sich die ursprüngliche Schaftlänge von 201 cm dagegen durch die Position des Lanzenschuhs im Grab bestimmen. Bemerkenswert ist dabei die Tatsache, dass der Lanzenschuh einen Durchmesser von nur 2 cm aufweist, im Gegensatz zur Tülle, deren maximaler Durchmesser 2,8 cm beträgt. Demnach war der Schaft dieser Lanze nicht von durchgängig gleicher Dicke, sondern wurde zum hinteren Ende hin offenbar dünner. Auch die auf der Leier aus dem Trossingener Grab vorderseitig dargestellten Krieger scheinen Lanzen zu tragen, deren Schäfte nach hinten schmaler zulaufen (**Abb. 25**). Andererseits könnte der festzustellende recht geringe Tüllendurchmesser einiger überlieferter Lanzen und Speere als Indiz dafür gewertet werden, dass sich die zugehörigen Schäfte zudem auch zur Spitze hin verjüngten. Erhaltene Lanzenschäfte aus nordgermanischen Opfermooren scheinen dies zu bestätigen. Eine solche leicht bauchige, zu den Enden hin konisch zulaufende Schaftform wäre dadurch zu erklären, dass die Schäfte aus einem ganzen schlanken Stämmchen gefertigt wurden, von dessen unteren dicken Segment zum Ende hin zunehmend Material abgenommen wurde bis dieses in die Tülle der Spitze passte. Die nachweislich verwendeten Holzarten sind geeignet, eine derartige Überlegung zu stützen.

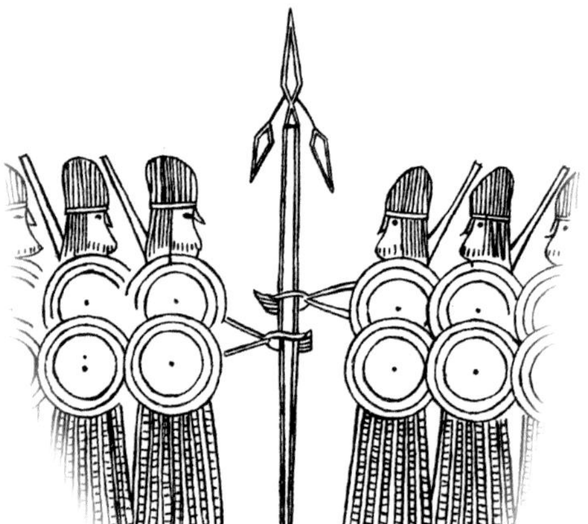

Abb. 25: **Kriegerdarstellung, Leier von Trossingen**
(Umzeichnung)
FO: Trossingen Grab 58, Dat.: 4. Viertel 6. Jh.

Farbreste, die auf eine ursprüngliche Bemalung hindeuten könnten, wurden bislang an keinem der erhaltenen Schaftfragmente festgestellt. Interessant ist in diesem Zusammenhang allerdings der Bericht des Chronisten Hydatius aus dem 5. Jahrhundert, wenn er beschreibt, wie westgotische Krieger zu einem Treffen mit unterschiedlich bemalten Lanzen (*hastae*) erschienen, ohne dabei jedoch auf die verwendeten Farben einzugehen[112].

112 *Hydatius: Chronica 243.*

Prunk- und Fahnenlanzen

Neben ihrer reinen Funktion als Waffe konnte die Lanze ebenso eine höhere symbolische Bedeutung haben. So wurde nach altgermanischer Sitte ein Kriegergrab durch eine in den Boden gerammte Lanze markiert, wie dies auch durch etliche fränkische und alamannische Waffengräber überliefert ist[113]. Durch Einbohren oder Aufpflanzen der Lanze wurde zudem bei den Franken im Krieg erworbenes Eigentum an Grund und Boden gekennzeichnet[114]. Schon seit der Antike galt bei den germanischen Stämmen die Lanze neben dem Schild als Insignie des Heerkönigtums. Von Gregor von Tours wissen wir, wie eingangs schon erwähnt, dass sie ebenfalls zu den Herrschaftszeichen der fränkischen Könige gehörte[115]. Demgemäß ist auch König Childerich, der zugleich römischer Befehlshaber war, auf seinem Siegelring mit einer Lanze abgebildet, die als Symbol seiner Macht zu verstehen ist (**Bd. 1 / Abb. S. 12**). Als römische Vorbilder dieser Darstellung könnten unter anderem lanzentragende Kaiserbildnisse sowie das Elfenbein-Diptychon des Feldherrn Stilicho in Betracht gezogen werden. (**Bd. 1 / Abb. S. 16**).

Obwohl mit Silber- oder Buntmetalltauschierung verzierte Lanzenspitzen auch aus germanischem Kontext bekannt sind, dürfte es sich bei den Prunk- und Fahnenlanzen der Merowingerzeit jedoch um vom Römischen Heer übernommene Militärtraditionen handeln, wo Lanzen seit jeher als Auszeichnungen, Rangabzeichen und Feldzeichen dienten.

Prunklanzen mit Aufhaltern

Die 78,5 cm lange und über 2 kg schwere tauschierverzierte Lanze aus dem Grab 7 des Gräberfeldes von Bargen wäre auf Grund ihrer Übergröße kaum zum Kampf oder zur Jagd geeignet gewesen und dürfte daher einen rein repräsentativen Charakter gehabt haben (**Abb. 26**). Vermutlich stellte auch sie seinerzeit ein Ehrenzeichen oder Herrschaftssymbol dar. Ähnlich den Saufedern hat sie zwei Aufhalter, die allerdings in Tierköpfen enden und nicht an die Tülle angeschmiedet, sondern aus dem Material des Blattes herausgearbeitet sind. Eine Besonderheit stellt ebenfalls die Tülle dar, die in zwei schienenartige Verlängerungen ausläuft und zudem von einer übergeschobenen Muffe umschlossen wird. Auf der stark korrodierten Oberfläche der Lanzenspitze sind noch geringe Reste von Tauschierfäden aus Silber und Messing zu erkennen, die auf eine ursprünglich flächendeckende Ornamentik von Blatt, Tülle und Muffe schließen lassen. Obwohl die Bargener Lanze aus einem Grab stammt, das erst im zweiten Viertel des 7. Jahrhunderts angelegt wurde, dürfte sie doch wesentlich älter sein, da aus der gesamten Reihengräberzeit keine vergleichbaren Stücke vorliegen, dafür aber aus dem späten 4. und 5. Jahrhundert. Auch ist die vorliegende Aufteilung der Tauschiermuster in rahmende Kreise und Rechtecke charakteristisch für spätrömische Kerbschnittgarnituren[116]. Es ist daher anzunehmen, dass die außergewöhnliche Lanze ursprünglich in einer nordgallischen Werkstatt des 5. Jahrhunderts gefertigt und über mehrere Generationen hinweg vererbt wurde, bis sie schließlich als Beigabe im Grab des Bargener Kriegers endete[117].

113 *Köln-Müngersdorf, Grab 128; Morken; Niederstotzingen, Gräber 1 u. 3; Schretzheim, Gräber 463,556 u. 557.*

114 *Paulsen 1967, S. 120.*

115 *Tours: HF V, 17 u. HF VII, 33.*

116 *Quast 2014, S. 239.*

117 *Böhner 1980, S. 207. Alternativ ordnet Koch die Lanzenspitze zeitlich dem 7. Jh. zu (Koch 1982, S. 44).*

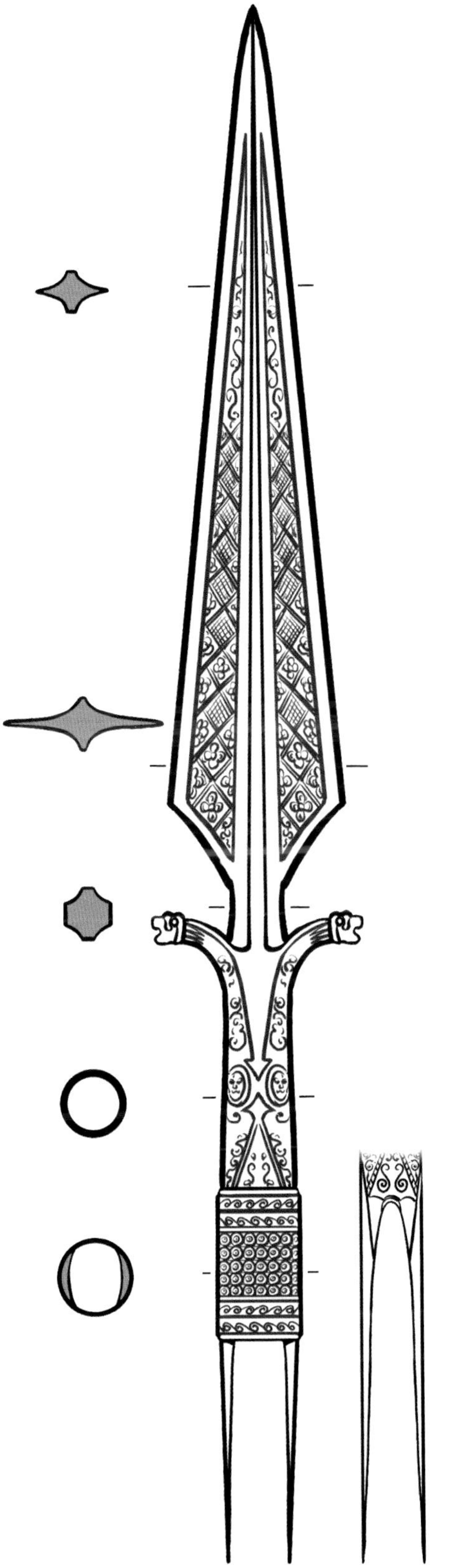

Abb. 26: **Prunklanze mit Aufhaltern**
FO: Bargen Grab 7, L. 78,5 cm, Dat.: 2. Viertel 7. Jh.

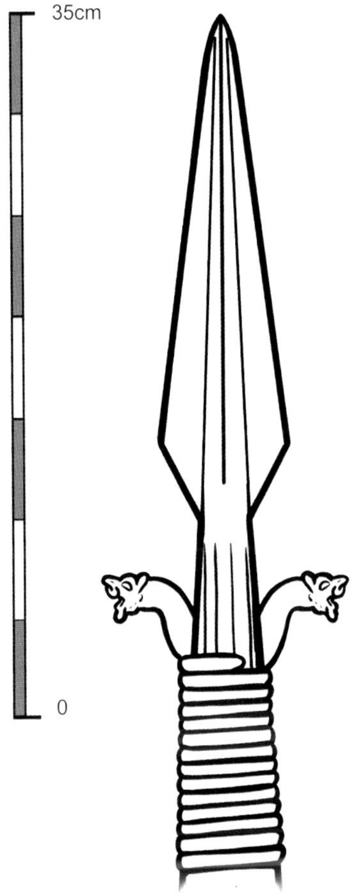

Abb. 27: **Prunklanze mit Aufhaltern**
FO: Vermand (F) III/Grab B, Dat. um 400

Hinsichtlich ihrer feinen und abwechslungsreichen Tauschierverzierung lässt sie sich am ehesten mit der saufederartigen Prunklanze vergleichen, die aus dem Grab des „Chef militaire" von Vermand (F) aus der Zeit um 400 überliefert ist (**Abb. 27**). Bei dem Bestatteten handelt es sich um einen vornehmen germanischen Krieger, der als hoher Offizier im Römischen Heer gedient hatte. Die Länge dieses Exemplars beträgt heute noch 38 cm[118]. Sein Blatt und die zwölffach facettierte Tüllen waren einst reich mit Silber und Kupfer tauschiert. Auf dem Blatt sind zudem Reste zweier nicht mehr lesbarer in Silberdraht eingelegter Inschriften zu erkennen. Von den ehemals zwei Tierkopfaufhaltern war bereits bei Auffindung der Lanze nur noch einer vorhanden, der allerdings inzwischen auch verloren ist[119]. Ursprünglich waren sie mit einer Bronzedrahtumwicklung, die auch den unteren Teil der Tülle umschloss, am Schaft befestigt. Aus dem gleichen Grab sind zudem drei außergewöhnliche im Kerbschnittdekor verzierte Schaftbeschläge aus vergoldetem Silber mit Nielloeinlagen erhalten, die allgemein besagter Prunklanze zugeordnet werden[120] (**Tafel 7, B**). Es handelt sich dabei um einen gewölbten Beschlag mit Haltering, den

118 *GL. von Blatt und Tülle einschließlich eines ca. 1 cm langen ankorrodierten Stumpfes - Aufhalter?*

119 *Als Material wird Bronze angegeben (Böhme 1974, S. 331).*

120 *Es sei darauf hingewiesen, dass der größte Tüllendurchmesser der Lanzenspitze bei ca. 3 cm liegt, während die Schaftbeschläge aber einen Außendurchmesser von lediglich 2,5 cm aufweisen.*

unter anderem ein zentrales Sechssternmotiv (Hexagramm) und Randtierfriese zieren, sowie um eine zylindrische Hülse und ein langrechteckiges Beschlagstück.

Eine reich verzierte und mit Inschriften versehene Lanzenspitze ist ebenso aus Grab 1004 von Cutry (F) überliefert, das in das späte 6. Jahrhundert datiert (**Tafel 7, A**). Gefertigt wurde auch diese Lanze wohl bereits im 5. Jahrhundert. Die erhaltene Länge der Spitze beträgt 48 cm, da von den ursprünglichen beiden schienenartigen Verlängerungen der Tülle nur noch ein einzelner kurzer Stumpf übrig ist. Zwei tierkopfförmige Aufhalter aus Bronze wurden direkt seitlich an die Tülle angegossen und weisen je eine Durchbohrung auf. Blatt und Tülle sind mit Einlagen aus Silber-, Messing- und Kupferdraht aufwändig dekoriert. Außerdem ist auf beiden Seiten des Blattes jeweils eine silbertauschierte Inschrift zu erkennen. Allerdings gibt es hinsichtlich der Lesart und Übersetzung der Schriftzüge zwei unterschiedliche Vorschläge[121], die jedoch beide einen Bezug zur Jagd ausdrücken. Die auf der Farbtafel zu sehende Rekonstruktion basiert dabei auf der Fassung des Epigraphikers Markus Scholz vom RGZM. Demnach lautet die Inschrift auf der Vorderseite des Blattes: „QVIC AUDET RABIT / OBULUM REPERIS".

Weitere tauschierte Lanzen mit Aufhaltern sind zudem aus Bourges (F) und Rhenen (NL), Grab 839, nachgewiesen. Das aus der zweiten Hälfte des 5. Jahrhunderts stammende Exemplar aus Bourges weist zudem noch auf beiden Seiten des Blattes eine kupfertauschierte Inschrift auf.

Auch wenn die tauschierten Prunklanzen in ihrer äußeren Form den Saufedern entsprechen und zum Teil sogar mit Inschriften versehen sind, die auf einen jagdlichen Kontext hinweisen, dürfte es sich bei ihnen kaum um gebräuchliche Jagdwaffen gehandelt haben. Ihr repräsentativer Charakter scheint durch den Fund von mehreren mit Aufhaltern versehenen Zeremoniallanzen bestätigt, die kürzlich an den Hängen des Palatins in Rom entdeckt wurden. Sie gehören zu einem Hort imperialer Insignien, der höchstwahrscheinlich aus dem frühen 4. Jahrhundert n. Chr. stammt. Einige der Lanzenspitzen bestehen aus Eisen und einer goldfarbenen Legierung (*aurichalcum*) und werden aufgrund anhaftender Textilreste aus Seide als Bekrönung von Standarten interpretiert[122]. Auch könnten die Löcher in den Aufhaltern der Lanze von Cutry einst zur Befestigung eines Querholzes mit Fahnentuch (*vexillum*) gedient haben. Zudem sind die beiden Exemplare aus Bargen und Cutry ein Beleg dafür, dass spätrömische Prunklanzen mit Aufhaltern noch bis in die die Merowingerzeit hinein in Gebrauch blieben. Offenbar wurden sie als wertvoller Familienbesitz über mehrere Generationen hinweg weitergereicht, bevor man sie letztlich in den Gräbern niedergelegte.

Fahnenlanzen

Unter dem Begriff „Fahnenlanze" sind Spitzen zu verstehen, die einst die Stange eines Feldzeichens (*hasta signifera*) bekrönten. Dass dabei eine klare Abgrenzung zu den Prunklanzen nicht immer möglich ist, zeigt unter anderem das Beispiel aus Cutry. Auch lässt sich die ursprüngliche Funktion einer erhaltenen Spitze als Fahnenlanze meist nicht mehr eindeutig nachweisen, es sei denn, es sind noch Reste eines Fahnentuches oder einer entsprechenden Befestigung zu erkennen, wie dies bei den Exemplaren aus Weingarten, Sontheim und Niederstotzingen der Fall ist[123]. Die aus dem letzten Drittel des 6. Jahrhunderts stammende 48 cm lange Lanzenspitze aus Grab 9 von Niederstotzingen zeichnet sich durch ein dekoriertes geschweiftes Blatt mit ausgeprägter Mittelrippe aus (**Tafel 7, C**). Entlang der Schneiden verläuft ein Zierband mit eingepunztem Wolfszahnmuster. An der kreisrunden Tülle befinden sich seitlich zwei vergoldete Bronzezierknöpfe mit tordiertem Rand von 2 cm Durchmesser. Am bemerkenswertesten ist jedoch der Rest eines 5 mm breiten Bandes aus feinem, mehrfach gefaltetem und abgenähtem Leinengewebe, das um Tülle und Zierknöpfe geschlungen ist. Neben der auffälligen Form und der Verzierung der Spitze, ist es vor allem diese Leinenschlinge, die eine Interpretation als Fahnenlanze nahelegt. Dass sie einst tatsächlich zur Befestigung eines Fahnentuches oder Wimpels diente, scheint durch zwei weitere Funde bestätigt. An der fast gleichartigen Lanze von Sontheim an der Brenz, die wohl aus der selben Werkstatt wie das Niederstotzingener Exemplar stammt, sind am Schaft unmittelbar unterhalb der Tülle noch Andeutungen eines Tuches in Leinenbindung zu erkennen. Außerdem ist aus Grab 478 von Weingarten eine ähnliche Lanzenspitze überliefert, an der ebenfalls noch anhaftende Textilreste nachweisbar sind. Der in einer Breite von etwa 5 cm erhaltene Stoffstreifen mit 5 mm breiter Webkante ist dabei fünffach um das untere Tüllenende und den Schaftrest gewickelt. In Anbetracht des Tüllendurchmessers von 2,6 cm dürfte der gleichsam einem Fahnentuch zusammengerollte Stoff somit eine Länge von etwa 40 bis 50 cm gehabt haben.

Abb. 28: **Bichrom tauschierte Lanze**
FO: Kienlesberg bei Ulm, L. ca. 18 cm

121 *Lejoux [Legoux] 2008, S. 446 u. Quast 2014, S. 239.*

122 *Panella 2008, 88.*

123 *Auf Fahnen als Feldzeichen wird im entsprechenden Abschnitt des 4. Bandes noch genauer eingegangen.*

Tafel 7: **Prunk- und Fahnenlanzen**

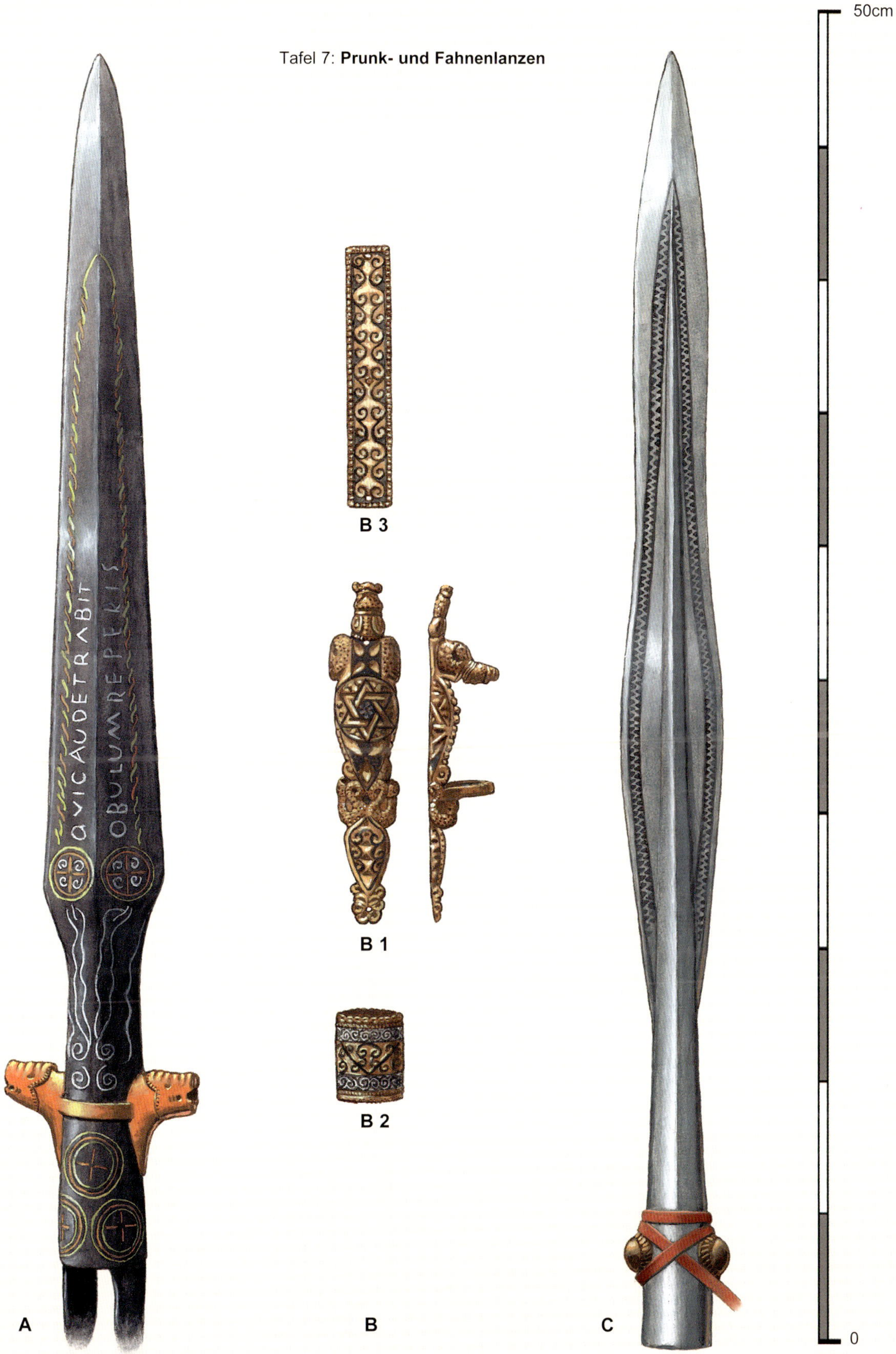

A Prunklanze (Saufeder), FO: Cutry (F) Grab 1004, erh. KL. 48 cm, Dat.: 5./ spätes 6. Jh.;
B Zierbeschläge, silbervergoldet mit Niello, FO: Vermand (F) III Grab B, Dat.: um 400; **B1** L. 12,5 cm; **B2** Dm. 2,5 cm; **B3** L. 9,3 cm
C Fahnenlanze, FO: Niederstotzingen Grab 9, KL. 48 cm, Dat.: 3. Drittel 6. Jh.

Andere Lanzenspitzen werden allein aufgrund ihres aufwändigen Dekors als „Fahnenlanze“ angesprochen, wie zum Beispiel das nur etwa 18 cm lange aber mit Gold- und Silbertauschierung reich verzierte Exemplar aus einem Grab des Friedhofes auf dem Kienlesberg bei Ulm (**Abb. 28**). Es weist am Übergang von der vierkantigen Tülle zur lorbeerblattförmigen Klinge mit betonter scharfkantiger Mittelrippe ein breites, mit vier Vierpassknoten dekoriertes Band auf. Als zentrales Motiv ziert beide Seiten des Blattes ein eingelegtes Tatzenkreuz, das als christliches Symbol zu deuten ist. Eine 27 cm lange Lanzenspitze mit rautenförmigem Blatt aus Grab 2 von Wurmlingen ist hingegen mit silbertauschierten Runen und Zeichen dekoriert. Auf der einen Seite des Blattes steht die Runeninschrift „IDORICH“, auf der anderen eine Folge von Zeichen, die der sarmatischen Doppelgabel entsprechen. Zweifellos hatten beide Prunklanzen eine repräsentative Bedeutung, vermutlich als Herrschaftssymbole oder Ehrenzeichen, Andererseits könnte die Ulmer Lanzenspitze durchaus auch als Bekrönung einer Fahne gedient haben[124].

Eine bildliche Darstellung einer Zeremonial- oder Fahnenlanze ist wiederum durch die bereits erwähnte Trossingener Leier überliefert. Auf deren Vorderseite sind zwei Gruppen von je sechs hintereinander aufgereihten Kriegern zu sehen, die sich zu beiden Seiten einer senkrecht aufgepflanzten Lanze gegenüberstehen, von der offenbar zwei kleine Wimpel herabhängen (**Abb. 25**). Dabei umfasst der jeweils vorderste Krieger jeder Gruppe den Lanzenschaft mit einer Hand. Möglicherweise handelt es sich hier um Gefolgsleute, die an der Lanze einen Treueschwur leisten. Dies würde sich mit der skandinavischen Überlieferung dekken, wonach bei wichtigen Rechtsgeschäften der Vertrag durch Handanlegung an den Lanzenschaft rechtskräftig wurde[125].

124 *Paulsen 1967, S. 113.*

125 *Paulsen 1967, S. 121.*

Wurfspeere

Ango

Gemäß Agathias handelt es sich bei dem Ango um einen mittelgroßen Speer mit sehr langem Eisenteil und Widerhakenspitze:

„Diese Angonen sind Speere von mittlerer Größe [...]. Zum größten Teil sind sie ganz mit Eisen bedeckt, so dass kaum das Holz am unteren Ende des Schaftes hervorschaut. Oben an der Spitze ragen auf beiden Seiten, unmittelbar aus der Bewehrung, einige gekrümmte Stacheln wie gebogene Angelhaken hervor, wobei die Enden nach unten weisen[126].“

Diese Beschreibung entspricht weitgehend den ab der Mitte des 5. Jahrhunderts in reich ausgestatteten Waffengräbern auftretenden, in der Regel 80 bis 120 cm langen Speereisen mit kleiner, widerhakenbewehrter und im Querschnitt rhombischer Spitze, die in der archäologischen Forschung daher auch als Angonen angesprochen werden[127]. Ihre Verbreitung erstreckt sich im Wesentlichen auf den fränkischen Siedlungsraum, mit besonderen Schwerpunkten in Nordostfrankreich und Südbelgien, sowie im Moselgebiet und am mittleren Rhein. Außerhalb des fränkischen Stammesgebiets sind sie dagegen nur noch vereinzelt in burgundischen, alamannischen, bajuwarischen und thüringischen Gräbern vertreten. Da der Ango nur aus reichen oder sehr reichen Gräbern überliefert ist und dort meist nicht nur mit einer Spatha sondern auch mit einer zusätzlichen Lanze vergesellschaftet auftritt, wird er allgemein als speziell für den Wurf konzipierte Zweit-Stangenwaffe ranghoher fränkischer Krieger betrachtet. Ebenso wie die Franziska gilt er zudem als Nationalwaffe der Franken und verschwindet auch zeitgleich mit jener zu Beginn des 7. Jahrhunderts aus den Grabinventaren. Tatsächlich scheint der Ango eine spezifisch fränkische Entwicklung zu sein, die aus den völkerwanderungszeitlichen langtülligen Widerhakenspeeren, wie sie aus nordeuropäischen Opfermooren und Gräbern aus Skandinavien, Norddeutschland und Polen nachgewiesen sind, hervorgegangen ist[128]. Als direkte Vorläufer können die in Südbaden gefundenen langen Widerhakenspeere des frühen 5. Jahrhunderts angesehen werden[129], zu denen auch das 56 cm lange Exemplar aus Ihringen gehört (**Tafel 6, J**). Sie bilden die Verbindungsglieder zu den nordeuropäischen Speerspitzen des 3. und 4. Jahrhunderts, wie sie auch aus Nydam (DK) überliefert sind (**Abb. 29**). Zu den ältesten eigentlichen Angonen zählen die drei Exemplare aus den Gräbern 11, 12 und 13 aus dem belgischen Samson (**Bd. 1/ Tafel S. 21**), die in den Zeitraum von der Mitte bis ins dritte Viertel des 5. Jahrhunderts datieren. Die mei-

126 *Agathias: Hist. II, 5.*

127 *Es sind insgesamt etwa 200 Exemplare überliefert.*

128 *Trotz formaler Übereinstimmungen mit dem römischen „pilum“ besteht zwischen diesem und dem Ango kein entwicklungsmäßiger Zusammenhang, obwohl dies zuweilen behauptet wird (z. B.: Böhner 1958, S. 160 ff; Moosbrugger-Leu 1971, S.89 u. Paulsen 1967, S.106).*

129 *FO: Ihringen, Meßkirch u. Münchhöf-Homberg.*

A Ango mit Federtülle, FO: Samson (B) Grab 11, L. 95,5 cm, Dat.: 2. Hälfte 5. Jh.
B Ango mit Federtülle, FO: Langenenslingen Grab 1, L. 116 cm, Dat.: um 550
C Ango mit Federtülle, FO: Selzen, Dat.: 6. Jh.
D Ango mit Federtülle, FO: Welschingen
E Ango mit Schlitztülle, FO: Charnay (F)
F Ango mit Volltülle, FO: Westheim Grab 204, L. 107,5 cm, TDm. 2,4 cm, Dat.: 1. Hälfte 6. Jh.

Tafel 8: **Ango**

sten Funde stammen dagegen aus der Zeit um 500 und dem 6. Jahrhundert. Einen der jüngsten Vertreter stellt dabei das Stück aus Morken aus dem letzten Fünftel des 6. Jahrhunderts dar.

Der Ango besteht aus einem Speereisen mit langer, stangenartiger Halspartie[130] und kleiner Widerhakenspitze, in dessen Tülle ein hölzerner Schaft als Handhabe befestigt ist. Dabei schwankt die Gesamtlänge der erhaltenen Eisenteile zwischen etwa 62 cm[131] und 190 cm[132]. Meist liegt sie aber im Bereich von etwa 1 m, plus-minus 20 cm.

Die spitz-pyramidenförmige Bewehrung des Ango hat grundsätzlich einen etwa quadratischen Querschnitt und zwei seitliche Widerhaken[133]. Ihre Länge einschließlich der Widerhaken beträgt meist zwischen 6 und 10 cm. Formenkundlich lassen sich fünf Typen von Spitzen unterscheiden[134], wobei häufig auch Übergangsformen auftreten.

Der sogenannte „Typ A" zeichnet sich durch eine kräftige Einschnürung zwischen der gedrungenen, bolzenförmigen Spitze und den Widerhaken aus, die etwa parallel zum Schaft verlaufen (**Abb. 31, A**). Er ist unter anderem bei den Angonen aus Welschingen (**Tafel 8, D1**) und Planig (**Bd. 1/ Tafel S. 29**) nachgewiesen, scheint aber nach der Mitte des 6. Jahrhunderts nicht mehr vertreten zu sein. Am häufigsten tritt der Typ B auf. Bei ihm ist die Einschnürung wesentlich schwächer ausgeprägt, wird aber meist durch je zwei schräge Kerben betont (**Abb. 31, B**). Sowohl die Spitze als auch die meist leicht nach außen schwingenden Widerhaken fallen in der Regel länger aus als bei Typ A. Als Beispiele können die Exemplare aus Samson (B), Grab 11 (**Tafel 8, A1**), Selzen (**Tafel 8, C1**) und Inzing-Hartkirchen, Grab 21b (**Abb. 30**) angeführt werden. Charakteristisch für den Typ C sind hingegen eine weidenblattförmige Spitze, die häufig durch schräge Kerben gerillt ist und kurze, schräg nach außen abstehende Widerhaken (**Abb. 31, C**), wie sie bei dem Ango aus Langenenslingen zu sehen sind (**Tafel 8, B1**). Am seltensten sind im Fundgut Spitzen mit leichtgekantetem Umriss des Typ D vertreten, die einem im oberen Teil rautenförmigen und im Unterteil rechteckigen Querschnitt aufweisen (**Abb. 31, D**). Spitzen vom Typ E fallen wiederum dadurch auf, dass sie haubenartig über das Stangenende geschmiedet sind und ohne Einschnürung in die Widerhaken übergehen (**Abb. 31, E**). Diese verlaufen entweder parallel zum Hals, wie es bei dem Exemplar aus Grab 1782 von Krefeld-Gellep der Fall ist (**Bd. 1/ Tafel S. 36**), oder sind leicht nach außen gekrümmt. Bei einigen Spitzen, wie zum Beispiel der des Ango aus Grab 204 von Westheim (**Tafel 8, F**), liegen die Fortsätze allerdings so eng an der Stange an, dass sie nicht mehr als Widerhaken kenntlich sind.

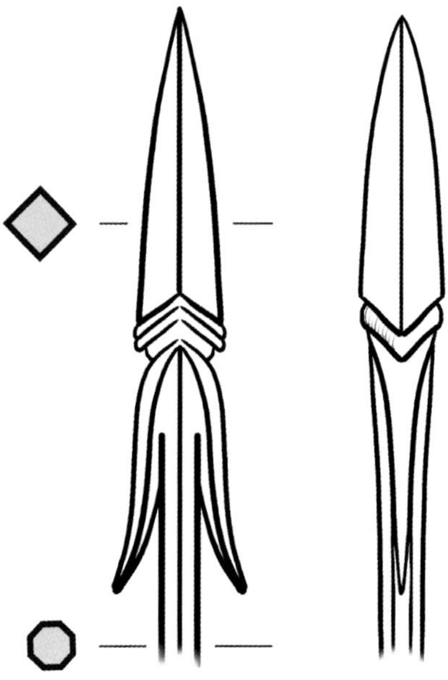

Abb. 30: **Angospitze**
FO: Inzing-Hartkirchen Grab 21b, L. ca. 11,5 cm
Dat.: 1. Hälfte 6. Jh.

Die Angospitze sitzt am Ende eines 1 bis 1,5 cm dicken Tüllenhalses, der im Querschnitt meist rund, häufig aber auch sechs- oder achteckig, jedoch seltener quadratisch ist und zur Tülle hin allmählich an Umfang zunimmt. Dabei lassen sich drei Arten von Tüllen unterscheiden, nämlich Feder-, Schlitz- und Volltülle. Die Federtülle kann als Charakteristikum des Ango angesehen werden, da sie bei keiner anderen Gruppe von merowingerzeitlichen Stangenwaffen zu finden ist. Hier erweitert sich das Speereisen zu einer kurzen Tülle, an die zwei bis vier schmale lange Eisenzungen, genannt Federn, ansetzen. Über diese sind zur Befestigung drei oder vier Ringe geschoben. Dabei können die Federn eine beträchtliche Länge erreichen. So entfallen bei dem insgesamt 184 cm langen Morkener Ango ganze 50 cm allein auf die Federn. Häufig sind die Zwischenräum zwischen den Federn zudem mit schmalen Eisenstreifen ausgefüllt, die am Ende zu Drähten ausgeschmiedet sein können, die dann zur zusätzlichen Sicherung eng um den Schaft gewickelt sind. Sehr deutlich ist dies an dem Ango von Welschingen zu erkennen, wo das Ende der Drahtumwicklung zudem noch am Schaftholz festgenagelt ist (**Tafel 8, D1**). Möglicherweise enden auch einzelne Federn selbst zuweilen in dünnen Drähten wie es bei dem

130 *In der Fachliteratur gewöhnlich als „Schaft" bezeichnet. Um einer möglichen Verwechslung mit dem eigentlichen Schaft aus Holz vorzubeugen, wurde in dieser Arbeit jedoch auf den etwas irreführenden Begriff verzichtet.*

131 *FO: Hochheim.*

132 *FO: Budenheim.*

133 *Es sind auch Sonderformen mit 3 o. 4 Widerhaken o. dreieckiger Spitze belegt.*

134 *Es wird hier der Klassifikation von Schnurbein gefolgt, der die Angospitzen in die Typen A bis E gliedert (Schnurbein 1974, S. 412 f).*

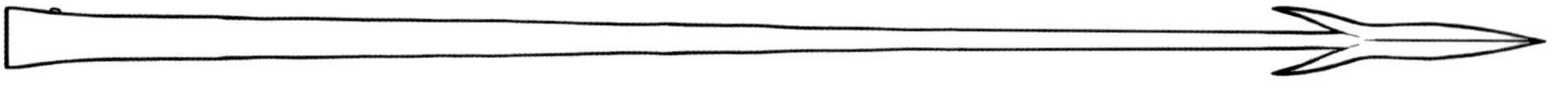

Abb. 29: **Widerhakenspeer Typ Lundskin**
FO: Nydam (DK), L. 53,3 cm, Dat.: 2. Hälfte 3. bis 1. Hälfte 4. Jh.

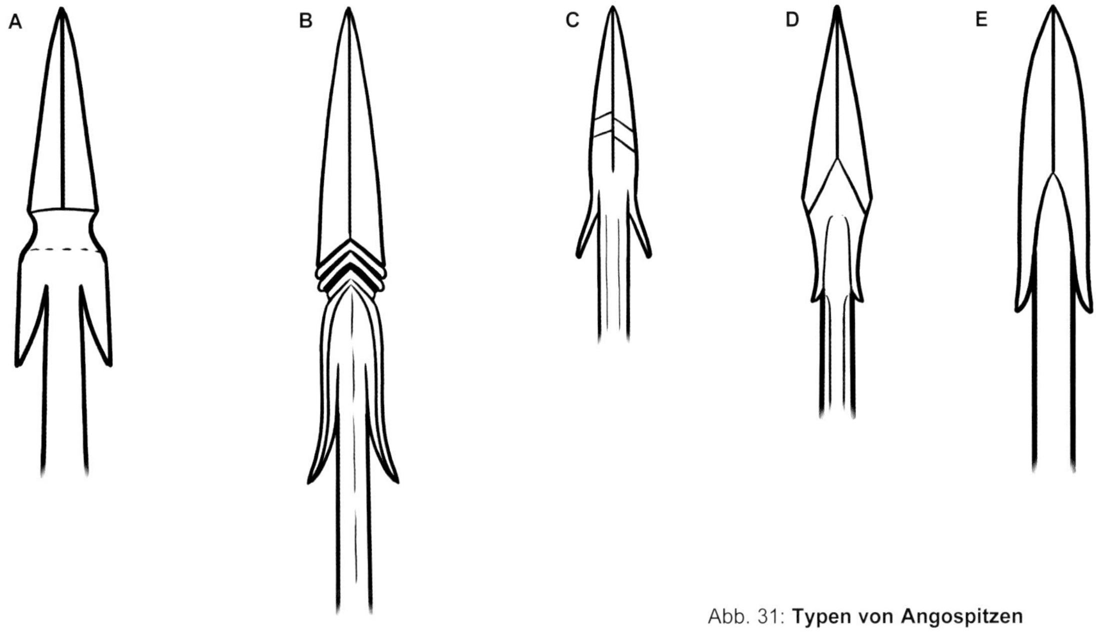

Abb. 31: **Typen von Angospitzen**

Inzinger Ango der Fall zu sein scheint (**Bd. 1/ Tafel S. 59**). Häufiger als die markante Federtülle ist jedoch die wesentlich schlichtere Schlitztülle nachgewiesen, wobei die Länge des Schlitzes stark variiert. Auch bei dieser Tüllenform ist die Verbindung von Eisen- und Holzteil zuweilen durch bis zu vier über den Schlitz geschobene Ringe zusätzlich verstärkt. Eine Tülle mit langem Schlitz weist zum Beispiel der Ango aus Charnay (F) auf (**Tafel 8, E**). Wesentlich seltener ist hingegen die Volltülle vertreten, wie sie der bereits erwähnte 107,5 cm lange Westheimer Ango aufweist (**Tafel 8, F**), wo ihr Außendurchmesser 2,4 cm beträgt.

Eine Auswertung der erhaltenen Angonen lässt erkennen, dass die am stärksten ausgeprägten Spitzentypen A und B meist auch mit der komplexeren Federtülle kombiniert sind. Der Typ C tritt dagegen gleichermaßen zusammen mit Feder- und Schlitztülle auf, während bei den übrigen Typen die Schlitztülle überwiegt[135]. Als Beispiele für Federtüllenangonen mit B-Spitzen seien hier die Funde aus Grab 11 von Samson (B) und Selzen aufgeführt. Bei letzterem tendiert die Spitze allerdings schon erkennbar zu Typ C. Die Tülle des 96,5 cm langen Stückes aus Samson läuft in zwei schmale Federn mit zwei gleichförmigen Zwischenstreifen aus, über die drei Ringe geschoben sind (**Tafel 8, A1**). Bei dem Selzener Ango sind wiederum die vier langen breiten Federn, oder möglicherweise auch zwei Federn und zwei Einlagen, durch vier Wulstringe gesichert (**Tafel 8, C**). Zudem ist die Tülle mit sieben eingelegten Messingringen dekoriert, was eine absolute Seltenheit darstellt. Der 116 cm lange Federtüllenango aus Langenenslingen aus der Mitte des 6. Jahrhunderts ist hingegen mit einer Spitze vom Typ C bewehrt (**Tafel 8, B1**). Seine Tülle endet in zwei Federn mit zwei Zwischenstücken und vier übergeschobenen Wulstringen und ist, ebenso wie der Hals, achtfach facettiert. Die seltene Kombination von Typ-E-Spitze und Volltülle, die zudem durch vier gerillte Wulstringe verstärkt ist, finden wir bei dem 164 cm langen Ango aus Grab 1782 von Krefeld-Gellep aus dem ersten Viertel des 6. Jahrhunderts (**Bd. 1/ Tafel S. 36**).

Verzierungen in Form von Metalleinlagen, wie bei dem Speereisen von Selzen, sind ansonsten nur in zwei weiteren Fällen überliefert. So lassen sich an der Tülle des stark verwitterten Ango aus Grab 59 von Deißlingen noch sechs Messingringe feststellen. Zudem ist jeder der drei Wulstringe und auch die Spitze mit je einem umlaufenden Messingband dekoriert. Bei dem Exemplar aus Grab 9 von Flonheim hingegen weist einer der Tüllenringe eine Silbereinlage auf.

Von den ehemaligen hölzernen Schäften der Angonen haben bestenfalls noch Holzreste im Bereich der Tülle und der Eisenbeschläge überdauert, die jedoch keinerlei Rückschlüsse über die ursprüngliche Schaftlänge zulassen. Eine erfreuliche Ausnahme stellt daher der Federtüllenango aus Marboué (F) dar, dessen Schaft offenbar in voller Länge erhalten ist. Als Maße werden eine Länge von 1,04 m für das Eisenteil und 1,05 m für den Holzschaft sowie eine daraus resultierende Gesamtlänge von 2,09 m angegeben[136].

Dieser einzelne Befund wurde dann allerdings auf die Gesamtsituation übertragen, wenn behauptet wird, dass auch bei den übrigen Angonen der Holzschaft, genauer gesagt, dessen unbeschlagener Teil, mindestens gleichlang wie das Speereisen war und dass die Gesamtlänge von etwa 2 m als Richtwert dienen kann[137]. Folgerichtig würde dieses angenommene Längenverhältnis aber bedeuteten, dass einige der Waffen extrem lang gewesen sein müssten. Demnach wäre zum Beispiel der Ango aus Budenheim mit einer Eisenlänge von immerhin 1,9 m insgesamt stattliche 3,8 m lang gewesen. Ein Wurfspeer von dieser gewaltigen Länge ließe sich jedoch weder handhaben, noch mit der durch Agathias beschriebenen „mittleren Größe“ vereinbaren. Geht man dagegen von der postulierten Gesamtlänge von unge-

135 *Dieses Ergebnis ist jedoch nur bedingt aussagekräftig, da bei den meisten überlieferten Angonen aufgrund der starken Korrosion Spitze und Tülle typenmäßig nicht mehr bestimmbar sind.*

136 *Schnurbein 1974, S. 417: In Anbetracht der angegebenen Gesamtlänge wurde hier bei der Messung des Schaftes anscheinend nur der unbeschlagene Teil berücksichtigt.*

137 *Schnurbein 1974, S. 417.*

fähr 2 m aus, so wäre der Holzschaft des Budenheimer Ango bestenfalls ein kurzer Stumpf gewesen. Daher mag die oben genannte These zwar für die Mehrheit der bekannten Angonen, deren Eisenlänge ja zwischen 80 cm und 120 cm schwankt, durchaus zutreffen, kann aber angesichts der teilweise sehr langen nachgewiesenen Speereisen nicht für die Gesamtheit der Angofunde gelten. Nimmt man dagegen aber als ungefähren Richtwert die etwas über 1 m Schaftlänge des aus Marboué überlieferten Exemplars, wobei natürlich der gesamte Holzschaft, also sowohl dessen sichtbarer, als auch dessen beschlagener Teil zu berücksichtigen ist, würde dies nicht nur für die durchschnittlich langen, sondern auch für die überlangen Angonen eine handhabbare Gesamtlänge bedeuten. Am Beispiel des Ango aus Morken, dessen Eisenteil beachtliche 184 cm lang ist, soll dies kurz erläutert werden: Ein Schaft mit einer angenommenen Länge von 100 cm, von denen 50 cm beschlagen wären, würde zuzüglich der verbleibenden 134 cm von Tülle, Hals und Spitze eine Gesamtlänge von 2,34 m ergeben[138]. Zudem wäre das kurze, nur 50 cm lange, sichtbare Schaftholz durchaus in Einklang mit der Beschreibung des Agathias, der auch Einsatz und Waffenwirkung des Ango recht anschaulich schildert:

„Diese Angonen sind Speere von mittlerer Größe, die man bei Bedarf sowohl zum Werfen wie auch zum Stoß im Nahkampf verwenden kann. [...] Nun schleudert der Franke im Kampf diesen Angon. Trifft er einen Körper, so dringt eben die Spitze ein, und weder der Verletzte noch ein anderer kann den Speer leicht herausziehen. Das verhindern die Widerhaken, die sich im Fleisch verfangen und die Schmerzen vergrößern, so dass der Feind, selbst wenn er nicht gleich tödlich verwundet wurde, daran sterben muss. Bleibt hingegen der Ango im Schild stecken, so hängt er von demselben herab und muss mit ihm zusammen herumgeschwenkt werden, wobei das Schaftende am Erdboden nachschleift. Der Betroffene aber vermag weder den Speer herauszuziehen, dies verhindern die eingedrungenen Haken, noch mit dem Schwerte abzuhauen, da das Holz durch Eisenbeschläge geschützt wird. Sobald dies der Franke bemerkt, setzt er den Fuß rasch darauf und drückt, indem er sich auf das Schaftende stellt, den Schild herab, wodurch der Arm des Trägers herabsinkt und Kopf wie Brust entblößt werden. Dann kann er den ungeschützten Gegner mühelos niedermachen, sei es durch einen Axthieb auf den Kopf, sei es durch einen Stich mit einem anderen Speer durch die Kehle[139]“.

138 Zum Vergleich seien hier die heute in der Leichtathletik verwendeten 2,7 bis 2,8 m langen Wurfspeere der Männer angeführt.

139 Agathias: Hist. II, 5.

Alamannischer Krieger auf der Jagd, 3. Viertel 7. Jh. n. Chr.

In der Zeit um 670 n. Chr. wurde in der St. Martinskirche von Altdorf (CH) ein etwa 40 Jahre alter wohlhabender Alamanne beigesetzt. Möglicherweise war er sogar der Kirchenstifter. Ihm wurden nicht nur Teile seiner militärischen Ausrüstung, wie Spatha (**Bd. 2 / Tafel 12, G**), Sax und Schild mit ins Grab gelegt, sondern auch ein Klappmesser sowie eine Feldflasche und eine Schale aus gedrechseltem Holz. Zu den Beigaben zählen zudem ein Langbogen und ein Köcher mit acht Pfeilen. Dabei waren die Pfeile mit breiten zweiflügeligen Widerhakenspitzen bewehrt, wie sie zur Jagd verwendet wurden. Deshalb ist der Mann auch hier bei ebendieser Tätigkeit dargestellt.

Er ist nach alamannischer Sitte gekleidet und trägt so auch den zu der Zeit bei Alamannen und Bajuwaren beliebten vielteiligen Gürtel. Dieser besteht aus einem etwa 3,5 cm breiten Hauptriemen aus gedoppeltem feinem Kalbsleder mit sieben Längsrippen, in die Schnüre aus Pflanzenfaser eingezogen sind und zehn ebenfalls gerippten kleineren Nebenriemen. Die eiserne Beschlaggarnitur umfasst eine Schnalle mit Beschlag, einen Riemendurchzug, eine Hauptriemenzunge, zehn Nebenriemenbeschläge, acht breite und zwei schmale Nebenriemenzungen, sowie drei Vertikalbeschläge, die zu den Befestigungsriemen der auf dem Rücken getragenen Gürteltasche gehören (**B**) und einen Knebelbeschlag. Alle Teile sind silberplattiert und weisen an den Kanten eine umlaufende bichrome Strichtauschierung auf. Dabei ist bei Haupt- und Nebenriemenzungen die Silberplattierung von einem dünnem Messingdraht und einem breiterem Silberband umrahmt. Sämtliche Riemenzungen und die drei Vertikalbeschläge sind zudem mit vier bis elf Almandineinlagen in Messingfassungen besetzt.

Die geringen aus dem Altdorfer Grab erhaltenen Schweinslederreste der Fußbekleidung lassen keine zuverlässige Rekonstruktion mehr zu, weshalb die Schuhe des Jägers hier nach einem Moorfund aus Wedelspang gestaltet sind. Dabei dienen die verlängerten Schnürbänder in dieser Darstellung als Kreuzriemen. Weil der Mann wohl zu Pferd zur Jagd ausgeritten ist, hat er zudem seine eisernen Schlaufensporen angelegt, die ebenso wie die zugehörigen Riemenbeschläge ein Dekor aus Silberplattierung sowie Silber- und Messingtauschierung aufweisen.

Da Spatha, Lanze und Schild für den Kampfeinsatz vorbehalten sind, führt unser Alamanne neben seiner Jagdausrüstung als persönliche Waffe nur seinen schweren Breitsax mit, der den Krieger auch im Alltag ständig begleitet. Die wuchtige Hiebwaffe steckt in einer Scheide aus pressverziertem Rinds- oder Kalbsleder, die auch ein Drittel des Griffes aus massivem Birkenholz umschließt (**A**). An der Saumseite ist sie mit einer durchgehenden Reihe kleiner Eisenniete zusammengeheftet. Diese wird wiederum durch vier große hutförmige Bronzeniete mit Kerbrand unterbrochen, die ihrerseits als Gegenbeschläge der beiden rückseitig angebrachten eisernen Riemenbügel dienen. Durch letztere sind die zwei schmalen Riemchen der Saxaufhängung geführt. Ebenso ist auf der Scheidenrückseite ein etwa 20 cm langes Beimesser untergebracht. Der einfache Langbogen, den der Alamanne gerade zum Schuss auszieht, besteht aus einem nur grob bearbeiteten dünnen Eibenstämmchen an dessen dickerem Ende eine spitze Tülle aus Eisenblech befestigt ist. Die Jagdpfeile mit Schäften aus Geißblattzweigen, Hasel- und Eschenholz sind mit 5,5 bis 7,7 cm langen zweiflügeligen Widerhakenspitzen (**C**) bewehrt und in einem verzierten, mit Leder überzogenen Holzköcher reiternomadischen Typs verstaut. Dabei entspricht dessen Hüfttrageweise am Schulterriemen einer angelsächsischen Bildquelle aus dem Frühmittelalter.

A Schwerer Breitsax mit Scheide, GL. ca. 57 cm

B Gürtel mit Rückentasche, Nebenriemen und silberplattierten bichrom tauschierten eisernen Beschlägen, Hauptriemen Br. ca. 3,5 cm, Vertikalbeschläge der Taschenriemen L. 11,8 cm

C eiserne Pfeilspitze, L. 6,6 cm

A
B
C

Betrachtet man die Konstruktionsweise des Ango, so erscheint zumindest der erste Teil dieser Darstellung recht glaubhaft. Es ist ersichtlich, dass diese Art von Speer primär als Distanzwaffe mit hoher Durchschlagskraft konzipiert ist, die bei Bedarf jedoch auch effektiv zum Stoß eingesetzt werden kann. Die kleine, aber stabile vierkantige Spitze in Kombination mit dem langen dünnen Tüllenhals ist darauf ausgelegt, mit voller Wucht den gegnerischen Schild zu durchstoßen und möglichst tief in den dahinterstehenden Mann einzudringen. Die Widerhaken verhindern dann wiederum ein unmittelbares Herausziehen der Waffe aus Schild oder Körper. Zu der dagegen eher anekdotenhaft anmutenden Schilderung wie der Franke den Gegner seiner Deckung beraubt, indem er angeblich auf den vom Schild hängenden Speerschaft tritt, hat sich bereits im 19. Jahrhundert der bekannte Prähistoriker Ludwig Lindenschmit recht treffend geäußert: „Wollten wir dieselbe [Schilderung] für die allgemein übliche Kampfesweise mit dem Angon nehmen, so erhielten wir von dem Ansturm einer Frankenschar die wahrhaft erheiternde Vorstellung einer Schlachtreihe grimmiger Männer, welche, statt nach dem Wurf ihrer Speere auf den Feind zu stürzen, mit vorgestreckten Füßen das Ende ihrer in den Schilden der Gegner haftenden Speere zu erhaschen und festzuhalten suchen![140]" Auch wenn nicht völlig auszuschließen ist, dass sich der im Nahkampf versierte Frankenkrieger bei einer im Handgemenge auftretenden günstigen Gelegenheit im Ausnahmefall dieser Technik bedient haben könnte, erscheint der Einwand doch durchaus gerechtfertigt. Es ist zudem zu bedenken, dass auch ohne besagten akrobatischen Akt ein im Schild feststeckender schwerer Speer dessen effektive Handhabung erheblich beeinträchtigt, wenn nicht gar unmöglich macht. Eine zeitgenössische bildliche Darstellung scheint dies zu bestätigen: Auf einem Helmblech von Vendel (S)[141] sind zwei Krieger im Zweikampf zu sehen, von denen der eine, durch einem im Schild steckenden verbogenen Speer seiner Deckung beraubt, von einen Schwertstich in den Leib getroffen wird (**Abb. S. 2**).

Leichte Wurfspieße

Aus germanischen Kriegergräbern des 4. und 5. Jahrhunderts sind schlank-ovale Blattspitzen mit geringem Tüllendurchmesser überliefert, die aufgrund ihrer Länge als leichte Wurfspeere anzusprechen sind[142]. In ihrem Verbreitungsgebiet, das sich von Nordostfrankreich bis Schleswig-Holstein und vom Mainmündungsgebiet bis nach Mitteldeutschland erstreckt, treten sie entweder in Ein- oder Dreizahl, oder aber auch in Bündeln von bis zu zehn Stück in den Grabinventaren auf. So waren zum Beispiel dem „chef mlitaire" aus Grab B von Vermand (F) neben der Prunklanze noch zehn lorbeerblattförmige Speerspitzen von 20 bis 25 cm Länge beigegeben (**Tafel 6, H**). Das Konzept der Bewaffnung mit einem Satz leichter Speere dürfte von den Römern übernommen worden sein, die ihren kleinen, insgesamt etwa 1 m langenWurfspieß „*iaculum*" nannten.

Auch in reich ausgestatteten fränkischen Waffengräbern der älteren Merowingerzeit sind zuweilen kleinere Spitzen von etwa 10 bis 15 cm Länge und mit Tüllendurchmessern zwischen 1,1 und 1,3 cm nachgewiesen, die meist in Dreizahl vorliegen. In den entsprechenden Fundberichten sind sie zumeist als „Pfeilspitzen" oder auch neutral als „Geschossspitzen" publiziert. Da sie aber in Hinsicht auf Gewicht, Länge und Tüllendurchmesser die für Pfeilspitzen angenommenen Richtwerte überschreiten[143], liegt allerdings die Vermutung nahe, dass es sich bei ihnen eher um die Bewehrung von leichten Wurfspießen handelt, zumal sie in den Gräbern auch nicht mit durchschnittlich großen Pfeilspitzen vergesellschaftet zu sein scheinen. Zum Vergleich seien hier die römischen *jacula* aufgeführt, deren Spitzen ungefähr 10 cm lang waren. Tatsächlich ist die Abgrenzung von Pfeil- zu Speerspitzen recht problematisch, da sich diese in Bezug auf Blattform und Tüllenart nicht wirklich unterscheiden. Auch erlauben die als Entscheidungshilfe herangezogenen Werte für Länge, Gewicht und Tüllendurchmesser oft keine klare Trennung[144]. Es ist dabei zu bedenken, dass immerhin ein wesentlicher Teil der Waffe, nämlich der hölzerne Schaft, in der Regel nicht erhalten ist. Nur dieser könnte jedoch letztlich Klarheit verschaffen, da er bei Wurfspeeren analog zu den Lanzenschäften zur Mitte hin dicker werden dürfte, während er bei Pfeilen gleichmäßig gerade wäre oder sich nach hinten verjüngen würde. Gerade bei Tüllendurchmessern unter 1,5 cm müsste der Schaft eines kurzen Wurfspeeres zur Mitte hin erheblich an Umfang zunehmen, damit das für eine ausreichende Waffenwirkung nötige Gesamtgewicht von über 200 g erreicht wird[145].

Die Schwierigkeit der Zuordnung soll hier anhand einiger beispielhafter Funde verdeutlicht werden. So waren dem vornehmen Krieger, der im dritten Viertel des 6. Jahrhunderts in Grab 61 von Wünnenberg-Fürstenberg beigesetzt wurde (**Bd. 2 / Tafel S. 7**), auch drei Geschossspitzen mit Schlitztülle beigegeben. Es handelt sich dabei um eine mittelgroße Spitze von 15,4 cm Länge mit ovalen Blatt und einem Tüllendurchmesser von 1,3 cm, sowie um zwei kleinere mit spitzovalem Blatt und 1,1 cm Tüllendurchmesser, die 9,6 cm, beziehungsweise 10,1 cm lang sind (**Tafel 6, I**). Während letztere auch besonders große Pfeilspitzen darstellen könnten, sieht die größere Spitze wiederum eher nach der Bewehrung eines Wurfgeschosses aus. Es ist daher durchaus denkbar, dass bei den Spitzenlängen und den Tüllendurchmessern von schweren Pfeilen und leichten Wurfspeeren gewisse Überschneidungen auftreten. Ebenfalls drei Spitzen mit spitzovalem, oder auch ursprünglich rautenförmigem Blattumriss und Schlitztülle wurden in dem Helmgrab von Planig aus dem frühen 6. Jahrhundert gefunden. Sie sind in Längen von noch etwa 11,5 cm, 13,5 cm und 14 cm erhalten, wobei nur das längste der stark korrodierten und größtenteils fragmentierten Exemplare annähernd komplett vorliegt. Hier erschwert der schlechte Erhaltungszustand der Stücke zusätzlich eine sichere Einordnung.

Aus denjenigen Grabinventaren des Westheimer Friedhofs, die aus der älteren Merowingerzeit stammen, sind zudem insgesamt 23 Geschossspitzen mit 9 bis 15,1 cm Länge und 10 bis 30 g Gewicht überliefert. Auffällig ist dabei, dass nicht nur hier, sondern anscheinend auch in den übrigen fränkischen Waffengräbern, Spitzen dieser Größenordnung in der jüngeren Merowingerzeit nicht mehr nachweisbar sind, wohl aber solche von für Pfeilspitzen durchschnittlicher Größe. Sollte es sich bei den fraglichen Spitzen also tatsächlich um Bewehrungen von leichten Wurfspießen handeln, so würde deren Laufzeit in etwa mit denen der anderen Distanzwaffen wie Wurfaxt und Ango übereinstimmen, die mit dem beginnenden 7. Jahrhundert enden.

140 *Schnurbein 1974, S. 423.*

141 *Vendel, Grab XIV.*

142 *Böhme 1974, S. 111.*

143 *Reiß 1994, S. 77 f: Als Richtwerte für Pfeilspitzen werden hier eine maximale Länge von 7-9 cm, ein Gewicht von unter 8 g und ein Tüllendurchmesser von 8-10 mm veranschlagt.*

144 *Auf die Problematik der Abgrenzung wird im Abschnitt über Pfeilspitzen noch einmal eingegangen.*

145 *Junkelmann 1996, S. 136.*

Abb. 32: **Krieger mit gefiederten Wurfspeeren**
Metzer „Apocalipse en latin“ (Umzeichnung)

Leichte Wurfspeere sind dann erst wieder durch einer bildlichen Darstellung aus dem 13. Jahrhundert nachgewiesen: In der altfranzösischen Metzer „Apocalipse en latin“ sind in einer Szene Krieger zu sehen, die mit diversen Waffen ein drachenartiges Ungeheuer bekämpfen. Einer der Männer schleudert mit seiner Rechten ein Wurfgeschoss mit kleiner rhomboider Spitze und gefiedertem Schaft, während er in der linken ein weiteres hält, das mit einer breiten Widerhakenspitze bewehrt ist (**Abb. 32**). Diese Abbildung belegt, dass zumindest grundsätzlich auch in nachrömischer Zeit mit leichten Wurfspeeren zu rechnen ist.

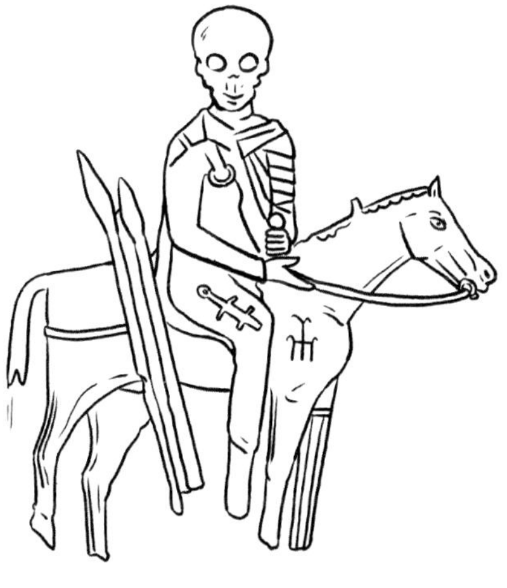

Abb. 33: **Reiter mit Speerköcher**
Grabstele von Theodosia (UA) (Umzeichnung)

Es stellt sich die Frage, wie ein Bündel von drei oder mehr zusätzlichen Stangenwaffen im Gefecht möglicherweise mitgeführt werden konnte. Da die entsprechenden Geschossspitzen vornehmlich in reich ausgestatteten Gräbern von Kriegern gefunden wurden, die gemäß ihres sozialen Ranges über ein Pferd verfügt haben dürften, könnte man annehmen, dass sie zu Waffen für den Reiterkampf gehört haben. Von Flavius Josephus wissen wir zum Beispiel, dass zur Bewaffnung des römischen Kavalleristen zur Kaiserzeit auch ein Köcher mit drei oder mehr Wurfspießen zählte[146]. Dazu passt wiederum die Darstellung auf einer Grabstele des 1. bis 3. Jahrhunderts aus Theodosia auf der Krim (UA), die einen sarmatischen Reiter zeigt, hinter dessen Sattel auf der rechten Seite ein Köcher mit drei Fächern hängt, in dem offenbar Speere mit der Spitze nach oben stecken (**Abb. 33**). Diese Methode des Transports für *iacula* hat sich übrigens auch im Experiment bewährt[147]. Allerdings könnte ein kleines Bündel leichter Wurfspieße im Gefecht ebenso vom Fußvolk in der Schildhand mitgeführt worden sein, wie es bei den römischen Veliten in republikanischer Zeit üblich war. Interessant in diesem Zusammenhang ist daher die Darstellung von kämpfenden Kriegern auf dem Teppich von Bayeux, die ebenfalls in ihrer Linken sowohl Schild als auch drei zusätzliche Speere halten (**Abb. 34**).

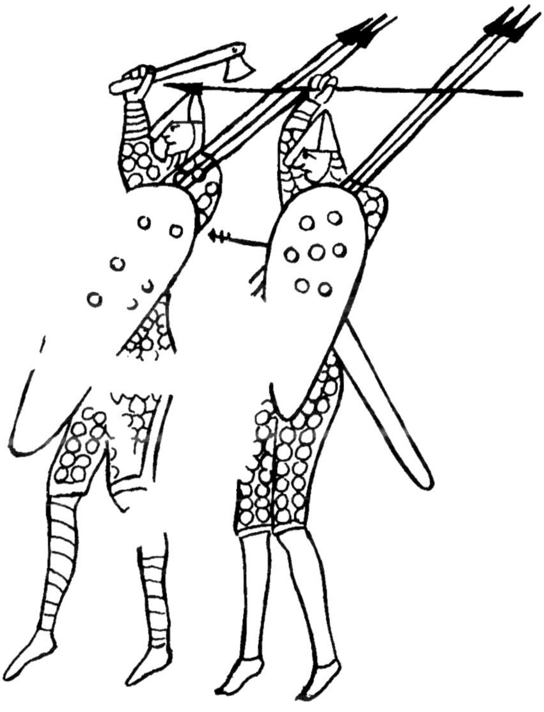

Abb. 34: **Krieger mit Speerbündeln**,
Teppich von Bayeux (F) (Umzeichnung)

146 *Josephus: Bell. Jud. II, 5.*
147 *Junkelmann 1996, S. 140 f.*

Fazit

Bei der abschließenden Betrachtung merowingerzeitlicher Stangenwaffen erscheint es sinnvoll, zunächst zu versuchen, die verschiedenen archäologisch belegten Gruppen von Lanzen und Speeren den einzelnen literarisch überlieferten Begriffen zuzuordnen. Die von Gregor von Tours erwähnte *„hasta"* dürfte mit der gleichnamigen römischen Waffe weitgehend identisch sein und so mit der Mehrzahl der erhaltenen Spitzen für Stoß- und Mehrzwecklanzen des 6. Jahrhunderts korrespondieren. Wenn Gregor von der *hasta* im Zusammenhang mit Herrschaftssymbolen berichtet, könnte es sich dabei wiederum um Prunklanzen handeln.

Als schwierig erweist sich dagegen die Zuordnung des von ihm ebenfalls genannten *„contus"*. Dass damit tatsächlich die als *„KONTOS"* bezeichnete zeitgenössische byzantinische Reiterlanze gemeint ist, erscheint äußerst unwahrscheinlich, da er den Begriff schon in chlodwigzeitlichem Kontext gebraucht, die schmalen spießartigen Lanzenspitzen aber erst in das Frankenreich importiert wurden, nachdem er sein zehnbändiges Geschichtswerk bereits vollendet hatte. Es ist eher denkbar, dass es sich bei dem *contus* aus Gregors Schilderungen um eine auffallend lange beidhändig geführte Stoßlanze handelt, wie sie aus Trossingen überliefert ist. Angesichts der Tatsache, dass Gregor von Tours sowohl *contus* als auch *hasta* als Waffen in einem Zweikampf zu Pferd benennt, ist allerdings der Verdacht begründet, dass hier die beiden Begriffe synonym verwendet werden, da mit ziemlicher Sicherheit davon auszugehen ist, dass beide Kontrahenten gleich bewaffnet waren.

Die Erkenntnis, dass die langstieligen Speereisen mit Widerhakenspitzen aus dem merowingerzeitlichen Fundgut mit dem Ango der schriftlichen Überlieferung identisch sind, verdanken wir vor allem der detaillierten Beschreibung des Agathias. Dass es sich bei den *„lanceae uncatae"* aus dem Brief des Sidonius Apollinaris ebenfalls um Angonen handeln muss, ist schon daraus ersichtlich, dass gar keine anderen Widerhakenspeere aus der Merowingerzeit archäologisch nachweisbar sind. Auffällig ist in diesem Zusammenhang, dass Gregor von Tours in seinen Schriften den Begriff „Ango" überhaupt nicht erwähnt. Er scheint dagegen diesen Wurfspeer als *„lancea"* zu bezeichnen, was daraus hervorgeht, dass in den beiden Schilderungen vom Ende des Gotenkönigs Amalarich dieselbe tödliche Waffe in der Chronica Caesaraugustana „Ango", bei ihm jedoch *„lancea"* genannt wird. Eine generelle Gleichsetzung von Gregors *lancea* mit dem Ango ist allerdings nicht angebracht, da ihre geschilderte weite Verbreitung bei Nichtfranken, Räubern und sogar Unfreien nicht zu dem archäologischen Befund passt, gemäß dem der Ango einer elitären Gruppen von fränkischen Kriegern vorbehalten war. Verwirft man die Möglichkeit, dass Gregor von Tours mit *„lancea"* eine ansonsten archäologisch nicht fassbare Art von Wurfspeer meint, so sieht es eher danach aus, dass er diese Bezeichnung auf sämtliche geworfenen Stangenwaffen, also auch Mehrzwecklanzen, anwendet. Die Tatsache, dass bei ihm sowohl *hasta* als auch *lancea* als Herrschaftssymbole angeführt werden, scheint diese Vermutung zu erhärten. Inwieweit er in seinen Schriften wiederum zwischen *„lancea"* und *„iaculum"* unterscheidet, ist aus dem Kontext leider nicht ersichtlich. Da nicht klar ist, ob er beide Begriffe synonym gebraucht, oder analog zur römischen Bewaffnung mit *iaculum* einen leichten Wurfspieß bezeichnet, ist eine sichere Zuordnung dieser Waffe zu den meist in Dreizahl vorliegenden mittelgroßen Geschossspitzen der älteren Merowingerzeit nicht wirklich möglich.

An dieser Stelle sei kurz auf die Handhabung der verschiedenen Stangenwaffen eingegangen. Der Ango wurde, wie von Agathias schon erwähnt, im Kampf hauptsächlich geworfen, was nach Möglichkeit aus dem Lauf heraus geschah, um seine volle Wucht zu entfalten[148]. Daneben konnte ein schwerer Wurfspeer dieser Art auch von einem Reiter mit großer Effektivität im Galopp geschleudert werden. Dass mit ihm zuweilen auch zugestochen wurde, bestätigen sowohl Agathias als auch Gregor von Tours. Allerdings konnte der Ango während eines Gefechts nur einmalig zum Wurf oder Stoß gebraucht werden, da die Wiederhaken ein Herausziehen und damit einen fortgesetzten Einsatz verhinderten. Leichte Wurfspieße wie das *iaculum* waren eigentlich nur zum Wurf geeignet und konnten gleichsam zu Fuß oder zu Pferd eingesetzt werden. Aufgrund ihres niedrigen Gewichts hatten sie eine wesentlich größere Reichweite aber auch eine erheblich geringere Durchschlagskraft als der schwerere Ango.

Für Lanzen, wie das 240 cm lange aus Grab 6 von Niederstotzingen überlieferte Exemplar, dürfte die übliche Handhabe bei Reitern und Fußvolk auch zur Merowingerzeit der einhändige, über dem Kopf freischwingend geführte Stoß von oben gewesen sein. Mittellange Lanzen von etwa 2 bis 2,5 m Länge waren dabei nicht nur für den Nahkampf, sondern bei Bedarf auch zum Wurf auf kurze Distanz geeignet. Um ihre Reichweite beim Stoß erheblich zu erhöhen, konnte die Lanze auch mit beiden Händen rechtseitig in Hüfthöhe gehalten werden, wobei der Schaft mit der rechten Hand ganz hinten am Ende und mit der linken etwa 80 cm weiter vorn gefasst wurde. Für Berittene ist diese Art des Einsatzes zum Bespiel durch die bildliche Darstellung auf der Isola Rizza-Schale belegt, die einen Panzerreiter zeigt, der auf diese Weise einen Fußkrieger niedersticht (**Bd. 1 / Abb. S. 54**). Dagegen war der für das Hochmittelalter typische Stoß mit eingelegter, das heißt zwischen angewinkeltem Arm und Rumpf eingeklemmter Lanze zwar schon bei der römischen Reiterei bekannt, bedurfte aber einer Lanzenlänge von mindestens 3 m um wirklich zweckmäßig zu sein. Eine derart lange Lanze wäre jedoch für den freischwingenden, einhändig geführten Stoß nicht mehr zu gebrauchen gewesen. Sie hätte nur, wie die 359 cm lange Lanze aus Trossingen, beidhändig, in der oben beschriebenen Weise wie ein *KONTOS*, oder eben eingelegt, eingesetzt werden können.

Anhand der vorliegenden archäologischen Funde und der bekannten Schriftquellen stellt sich die Lanzen- und Speerbewaffnung in der Merowingerzeit wie folgt dar: Nachdem Lanzenformen mit ovalem Blatt und kurzer Tülle noch für das 5. Jahrhundert charakteristisch waren, dominierten im 6. Jahrhundert Spitzen mit langem Tüllenhals und kleinem Blatt, die gegen dessen Ende wiederum von schwereren Lanzen mit kürzerer Tülle und langem Blatt abgelöst wurden. Während im 6. Jahrhundert Lanzenspitzen mit Schlitztülle vorherrschten, gab es ab dem 7. Jahrhundert nur noch solche mit Volltülle. Dabei scheint es, dass im 6. Jahrhundert vornehmlich die Franken Schlitztüllen bevorzugten, wogegen bei den Alamannen eher die Volltülle beliebt war[149]. In der Zeit um 600 waren neben den neuen schweren Lanzen auch kleinere mit durchgehender Mittelrippe (Typ Dorfmerkingen) verbreitet. Ab dem späten 7. Jahrhunderts gesellten sich zu ersteren noch die etwas leichteren lanzettförmigen Spitzen mit facettierter Tülle (Typ Egling). Im 8. Jahrhundert herrschten dann schließlich

---

148 Versuche mit vergleichbaren schweren römischen Wurfspeeren (pila) von 1,3-2 kg Gewicht ergaben Höchstreichweiten von 22-26 m.

149 Siegmund 1997, S. 706.

die Flügellanzen vor, die sich aus den Hakenlanzen des vorhergehenden Jahrhunderts entwickelt hatten. Regional auf den alamannisch- bajuwarischen Raum begrenzt waren hingegen in der ersten Hälfte des 7. Jahrhunderts die kurzen spießartigen Lanzen byzantinischer Herkunft und im frühen 8. Jahrhundert die schlanken Spitzen vom Typ Pfullingen.

Bereits in der zweiten Hälfte des 5. Jahrhunderts kam bei den Franken als zusätzliche Stangenwaffe auch der Ango auf, der das ganze 6. Jahrhundert hindurch zur Bewaffnung einer privilegierten Kriegergruppe gehörte. Er stellte dabei eine Ergänzung zu der Lanze dar und trat in der Regel auch nur in Kombination mit dieser auf. Diesem archäologischen Befund widersprechen allerdings zwei schriftliche Quellen: So führten gemäß der Beschreibung des Sidonius Apollinaris alle Männer in Prinz Sigismers Eskorte einen Ango als einzige Stangenwaffe mit. Der Bericht des Agathias über die Schlacht am Casilinus erweckt wiederum den Eindruck, der Ango sei die standardmäßige Stangenwaffe des in Italien eingefallenen fränkischen Expeditionsheeres gewesen. Dies ist allerdings schon deswegen wenig glaubhaft, da ein Großteil der Truppen Butilins gar keine Franken, sondern wie er selbst, Alamannen waren. Dagegen scheint die Darstellung des Sidonius durch die drei Spatha-Gräber aus Samson (B) aus der zweiten Hälfte des 5. Jahrhunderts eine gewisse Bestätigung zu finden, da in diesen jeweils ein einzelner Ango als einzige Stangenwaffe überliefert ist[150]. Es wäre daher denkbar, dass es in dieser Zeit neben einzelnen ranghohen Kriegern eventuell auch einige ausgewählte Truppenteile gab, die einheitlich mit dieser Spezialwaffe ausgerüstet waren. Der einzige andere Fall, wo der Ango nicht mit einer Lanze vergesellschaftet war, ist durch Grab 21b von Inzing-Hartkirchen belegt. Hier besteht allerdings die Möglichkeit, dass dem Bestatteten nicht der vollständige Waffensatz beigegeben wurde. Generell ist jedoch davon auszugehen, dass im 6. Jahrhundert der Ango in Kombination mit der Stoßlanze jenen Kriegern vorbehalten war, die der Führungsschicht des Fränkischen Reiches angehörten und im Gefecht, je nach Bedarf, zwischen verschiedenen zur Verfügung stehenden Waffe auswählen konnten. So diente der Wurfspeer gemäß Gregor von Tours auch bei der Austragung von Fehden und gerichtlichen Zweikämpfen als Waffe ebenbürtiger Kontrahenten.

Als idealtypisch kann daher in gewisser Weise die Stangenwaffenausstattung des vornehmen Franken aus dem Grab von Planig angesehen werden, die aus Ango und Lanze sowie einem Bündel von drei kleinen Wurfspeeren besteht (**Bd. 1 / Tafel S. 29**). Der edle Herr von Morken war wiederum außer mit einem Ango mit zwei unterschiedlichen Stoßlanzen bewaffnet, von denen die eine mit einer breiten Blattspitze und die andere mit einer panzerbrechenden schmalen Vierkantspitze bewehrt war (**Bd. 2 / Tafel S. 29**). Er verfügte demnach über eine Lanze zur Bekämpfung ungepanzerter und über eine weitere zur Bekämpfung gepanzerter Gegner. Ebenfalls drei Stangenwaffen waren auch dem ranghohen Gefolgsmann aus dem Helmgrab 1782 von Krefeld-Gellep beigegeben worden (**Bd. 1 / Tafel S. 37**). In diesem Fall handelte es sich jedoch um Ango, Stoßlanze und eine Saufeder für die Jagd. Es ist offensichtlich, dass ein mit zwei oder mehr großen Stangenwaffen bewaffneter Krieger hoffnungslos überladen und kaum kampffähig gewesen wäre und daher in der Schlacht der Unterstützung mindestens eines begleitenden Waffenknechts bedurfte.

Im Gegensatz zu den privilegierten mit Wurfspeer und Stoßlanze bewaffneten Kriegern mussten sich die übrigen Angehörigen des Fränkischen Heeres mit einer Mehrzwecklanze begnügen, die gleichsam zum Stoß und zum Wurf taugte. Dies lässt sich beispielhaft anhand der Waffenausstattungen von Grab 6 von Westheim (**Bd. 1 / Tafel S. 51**) und Grab 261 von Kleinlangheim (**Bd. 1 / Tafel S. 59**) veranschaulichen, zu denen jeweils eine langtüllige Lanze gehörte. Interessant ist in diesem Zusammenhang, dass in beiden Gräbern zudem ein zwei- beziehungsweise dreiteiliger Satz von Geschossspitzen beigegeben war. Dies könnte ein Indiz dafür sein, dass leichte Wurfspieße auch vom Fußvolk mitgeführt werden konnten. Allerdings hat es den Anschein, dass auch so manch hochrangiger Frankenkrieger eine universell einsetzbare leichte Lanze gegenüber der Kombination von Ango und Stoßlanze bevorzugte. Deutlich wird dies am Beispiel des in Grab 61 von Wünnenberg-Fürstenberg bestatteten hohen königlichen Gefolgsmannes der immerhin einen wichtigen Stützpunk befehligte. Anstatt mit zwei speziellen Stangenwaffen war mit einer langtülligen Mehrzwecklanze sowie drei Wurfgeschossen ausgerüstet (**Bd. 2 / Tafel S. 7** u. **Tafel 6, I**). Was bei den Franken als Ausnahme erscheint, dürfte bei Alamannen jedoch eher die Regel gewesen sein. Stellvertretend könnte hier die Ausstattung des alamannischen Goldgriffspatha-Grabes 63 von Basel-Kleinhüningen angeführt werden, zu der als einzige Stangenwaffe eine Lanzenspitze mit überlanger Tülle und rhombischem Blatt zählt.

Zum Ende des 6. Jahrhunderts hin verschwinden Ango und leichte Wurfspieße dann aus den Grabinventaren, sodass im 7. Jahrhundert zur Stangenwaffenausstattung, unabhängig vom sozialen Rang des Bestatteten, nur noch eine einzelne Stoßlanze gehört. So waren sowohl der Bajuwarenfürst und Kirchenstifter von Herrsching am Ammersee (**Bd. 2 / Tafel S. 61**) als auch der einfache Frankenkrieger von Heddesheim (**Tafel S. 65**) mit einer Stoßlanze bewaffnet, wobei die des Bajuwaren erkennbar aufwändiger gestaltet war. Auffällig ist dabei, dass einhergehend mit dem Wegfall der schweren und leichten Wurfspeere um die Jahrhundertwende die Ablösung der universell einsetzbaren langtülligen Lanzen durch schwerere Stoßlanzen erfolgte. Dieser Wandel in der Lanzen- und Speerbewaffnung dürfte die Folge einer veränderten Taktik gewesen sein.

150 Gräber 11, 12 u. 13.

PFEIL UND BOGEN

Die Bogenwaffe besteht im Prinzip aus einem Bogenstab mit Bogensehne als Abschussgerät (**Abb. 35**) und einem Pfeil als Geschoss. Ersterer besitzt ein starres, als Handgriff dienendes Mittelstück und zwei daran anschließende elastische Wurfarme. Deren Enden sind wiederum mit Sehnenkerben, sogenannten Nocken, versehen, die ein Verrutschen der befestigten Sehnenschnur verhindern. Mit einer derart konstruierten Fernwaffe lassen sich Pfeile mit hoher Beschleunigung und präziser Flugbahn verschießen.

Pfeil und Bogen waren in Europa bereits im Mesolithikum bekannt. So nutzten auch die Germanen seit jeher den Bogen als Jagdwaffe. Jedoch erst im Laufe des 3. Jahrhunderts begannen sie ihn außerdem für kriegerische Zwecke zu verwenden. Dabei spielte der Pfeilbogen in der germanischen Bewaffnung allerdings bestenfalls eine untergeordnete Rolle. Dies änderte sich auch nicht in der Merowingerzeit. Aber schon in den darauffolgenden Jahrhunderten gewann der Kriegsbogen zunehmend an Bedeutung, bis er dann sogar zur schlachtenscheidenden Waffe werden konnte[151].

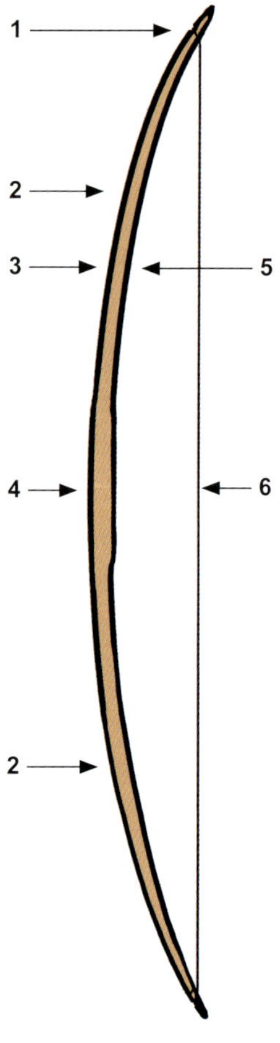

Abb. 35: **Vollholzbogen** (Schema)
1 Sehnenkerbe o. Nocke
2 oberer/unterer Wurf- o. Bogenarm
3 Bogenrücken, Vorder- o. Außenseite
4 Griffteil
5 Bogenbauch o. Innenseite
6 Bogensehne

Gemäß Agathias verfügte das in Italien eingefallene fränkisch-alamannische Heer über keinerlei Fernwaffen wie Bogen oder Schleuder[152]. Prokops Ausführungen zu den Gotenkriegen scheinen dies zu bestätigen. Gregor von Tours erwähnt zwar nicht den Bogen (*arcus*) selbst, dafür aber Pfeile (*sagittae*) sowie einen Bogenschützen (*sagittarius*)[153] und einen Köcher (*pharetra*)[154]. So schildert er eine Begebenheit aus dem 5. Jahrhundert, wo fränkische Krieger ihre römischen Gegner aus dem Hinterhalt heraus mit vergifteten Pfeilen beschossen[155]. Auch die Burgunden benutzten bei der Verteidigung von Vienne um das Jahr 500 herum Pfeile gegen die Belagerer [156]. Außerdem verübten Gefolgsleute der Bischöfe Salonius und Sagittarius mit Pfeilen einen Überfall auf den Bischof von St. Paul-Trois-Châteaux[157].

Darüberhinaus wird der Bericht von Ammianus Marcellinus über die Schlacht bei Argentoratum (Straßburg) im Jahre 357 n. Chr. gerne als Beleg dafür herangezogen, dass die Alamannen im Krieg von der Bogenwaffe ausgiebig Gebrauch machten. Dabei schreibt der Chronist lediglich, dass in der Anfangsphase des Gefechts massenhaft Speere geworfen und Pfeile verschossen wurden, ohne aber explizit zu sagen, dass diese auch von den Alamannen verwendet wurden[158]. Ein großer Wert werden Pfeil und Bogen auch in der „Lex Ripuaria", der Aufzeichnung des rheinfränkischen Volksrechts, beigemessen. Allerdings dürfte sich dies vor allem auf deren Bedeutung als Jagdwaffe beziehen.

Merowingerzeitliche Bildquellen zum Pfeilbogen sind bislang nicht bekannt. Sie liegen erst aus der Karolingerzeit in Form zahlreicher Buchillustrationen des 9. und 10. Jahrhunderts vor. Etwas älter ist jedoch die geschnitzte Darstellung eines Bogenschützen auf einem angelsächsischen Schmuckkästchen des frühen 8. Jahrhunderts aus Walknochen[159].

Für die Merowingerzeit sind zwei Arten von Bögen archäologisch nachgewiesen. Zum einen sind das die Vollholzbögen, deren Stab aus einem einzigen hölzernen Werkstück besteht und zum anderen die in Verbundbauweise gefertigten Kompositbögen, die sich aus unterschiedlichen Materialen zusammensetzen. Je nach Art der Krümmung des ungespannten Bogens unterscheidet man auch zwischen Gerad- und Reflex-Bögen (**Abb. 36**). So sind die Arme des Vollreflexbogens in entspanntem Zustand stark entgegen der Zugrichtung gebogen, während der Geradbogen im Idealfall keinerlei Krümmung aufweist. Biegen sich die Wurfarme des Geradbogens jedoch aufgrund von Werkstoffermüdung mit der Zeit dauerhaft in Zugrichtung („string-follow"), so ist dies unerwünscht, da damit ein Teil der Spannkraft verloren geht. Bögen bei denen lediglich die Armenden zurückgebogen sind, werden wiederum als Halbreflexbögen bezeichnet. Holzbögen sind meist von gerader Form, wogegen Kompositbögen fast immer eine Reflex-Biegung aufweisen.

151 *Z. B.: Azincourt 1415 n. Chr.*

152 *Agathias: Hist. II, 5.*

153 *Tours: HF II, 8.*

154 *Tours: HF V, 48.*

155 *Tours: HF II, 9.*

156 *Tours: HF II, 33.*

157 *Tours: HF V, 20.*

158 *"Verum Alamanni bella alacriter ineuntes altius anhelabant velut quodam furoris adfectu opposita omnia deleturi. Spicula tamen verrutaque missilia non cessabant ferrataeque arundines fundebantur, quamquam etiam comminus mucro feriebat contra mucronem et loricae gladiis findebantur, et vulnerati nondum effuso cruore ad audendum exsertius consurgebant". (Ammianus: XVI, 12, 46).*

159 *Sog. "Franks Casket", FO: Auzon (F), AO: British Museum, London.*

Aufgrund der Vergänglichkeit der organischen Werkstoffe sind Bögen aus der Reihengräberzeit naturgemäß nur äußerst selten erhalten geblieben. Meist lassen sie sich nur indirekt anhand der zahlreich in den Grabausstattungen überlieferten eisernen Pfeilspitzen nachweisen. Von Kompositbögen haben zuweilen bloß die beinernen Bauteile überdauert.

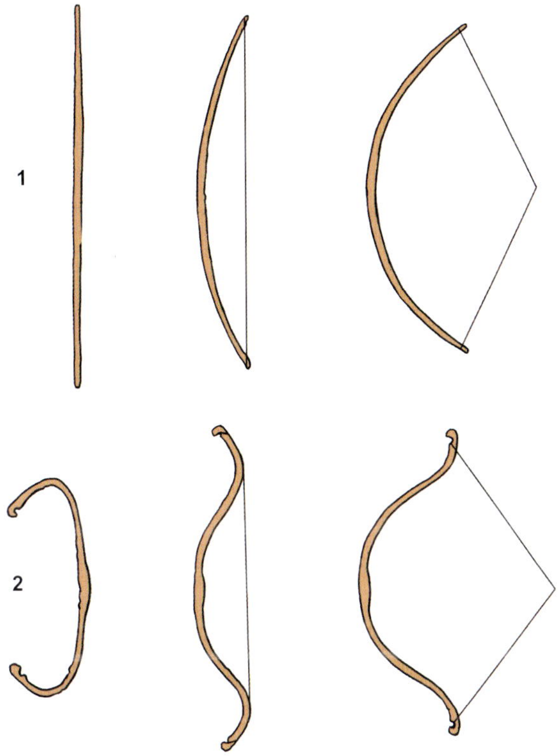

Abb. 36: **Grundformen des Bogens** (Schema), ungespannt (*links*), gespannt (*Mitte*) und ausgezogen (*rechts*)
1 Geradbogen, **2** Vollreflexbogen

Bögen

Vollholzbogen

In der Zeit vom 2. bis 16. Jahrhundert war in West- und Mitteleuropa vor allem der sogenannte Langbogen in Gebrauch, der vermutlich germanischen Ursprungs ist. Dieser stabförmige, ungefähr mannshohe Bogentyp zeichnet sich durch einen D-förmigen Querschnitt mit flacher Außen- und gerundeter Innenseite aus und lässt keinen betonten Handgriff erkennen. Charakteristisch für frühmittelalterliche Langbögen sind auch die relativ lang überstehenden Bogenenden. Als Material diente vornehmlich das Holz der Eibe, das für den Bogenbau am geeignetsten ist. Dabei wurden sowohl das harte Kernholz als auch das weichere und elastischere Splintholz des Stammes verwendet. Da ersteres auf Druck und letzteres auf Zug belastbar ist, liegt die weichere Wuchsholzschicht gewöhnlich auf der Außenseite des Bogens (**Abb. 37**). Ulme und Esche sind zwar auch nachgewiesen, gelten aber als zweitklassige Bogenhölzer.

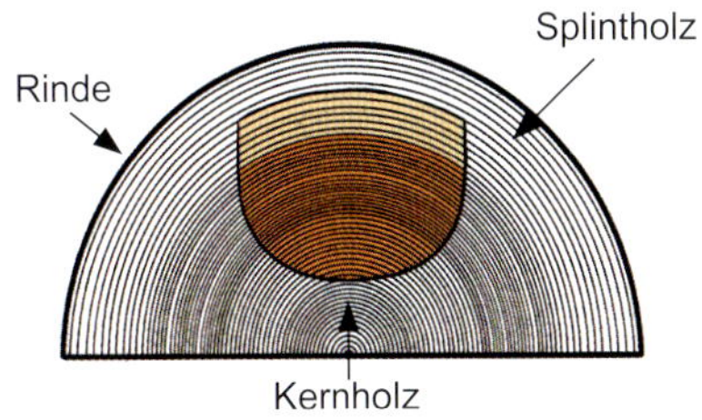

Abb. 37: **Idealisierter Querschnitt eines Langbogens**

Die verschiedenen erhaltenen Langbogenvarianten unterscheiden sich lediglich in der Gestaltung der Stabenden und der Nocken. So weist die älteste Form, die ungefähr vom 2. bis 13. Jahrhundert verbreitet war, zugespitzte Enden mit einseitigen gegenständigen Sehnenkerben auf (**Abb. 38, 1**). Sie ist vor allem durch die südskandinavischen Mooropferfunde aus Nydam (DK), Thorsberg und Vimose (DK) überliefert. Der jüngere Friesische Langbogen aus der Zeit um 700 bis 900 n. Chr. besitzt dagegen kürzere, ovale Enden mit beidseitig eingetieften Kerben und ist durch einen Fund aus Aalsum (NL) belegt (**Abb. 38, 2**). Es kann davon ausgegangen werden, dass auch zur Reihengräberzeit der germanische Langbogen der gebräuchlichste Bogentyp war, obwohl er in merowingischem Kontext archäologisch nicht nachweisbar ist. Dafür liegen aber zwei abweichende Formen von Vollholzbögen aus der Merowingerzeit vor.

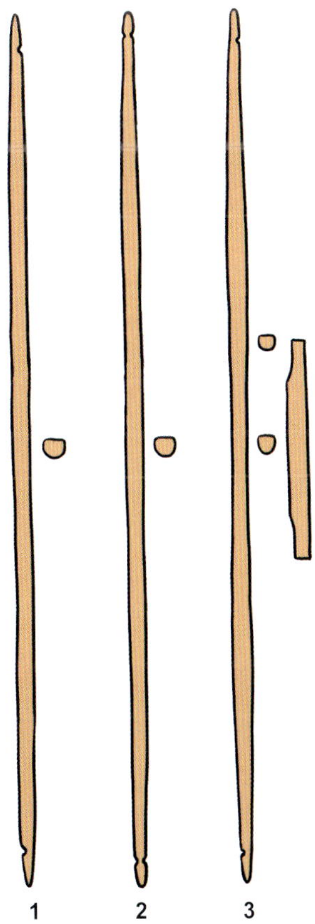

Abb. 38: **Frühmittelalterliche Vollholzbogentypen** (schematische Darstellung)
1 Langbogen, Variante Nydam
2 Friesischer Langbogen, Variante Aalsum
3 Alamannischer Bogen Typ Oberflacht

So wurden aus dem alamannischen Gräberfeld von Oberflacht, dessen Belegzeit ungefähr von der Mitte des 6. Jahrhunderts bis zum frühen 7. Jahrhundert dauerte[160], 15 zum größten Teil komplette Bögen geborgen. Von diesen sind derzeit allerdings nur noch drei vollständig erhaltene Eibenholzbögen und zwei oder drei Bogenfragmente vorhanden, die alle im Württembergischen Landesmuseum Stuttgart verwahrt werden. Sie gehören zu einem Bogentyp, der bislang nur aus diesem einen Gräberfeld nachgewiesen ist und daher auch als „Alamannischer Bogen Typ Oberflacht" bezeichnet wird (**Abb. 38, 3**). Da dieser eine gewisse Verwandtschaft zu einer aus Mähren überlieferten slawischen Bogenform erkennen lässt [161], leitet er sich möglicherweise aus osteuropäischen Einflüssen ab[162].

Kennzeichnend für den Alamannischen Bogen sind vor allem der starre, verstärkte lange Griffteil, ebenso wie die im Querschnitt fünfeckigen Wurfarme mit innerseitigem Mittelgrat. Zudem sind die lang überstehenden Bogenenden zum Ende hin nach innen geschweift und besitzen gegenständige einseitige Einkerbungen zur Befestigung der Bogensehne. Die Draufsicht lässt wiederum sich zu den Enden hin verjüngende Bogenarme und zur Mitte hin sanft einziehende Seiten erkennen.

Der aus Grab 7 von Oberflacht erhaltenen Bogen misst in der Länge 169,1 cm, der aus Grab 8 170,1 cm. Das etwas massiver gebaute Exemplar aus Grab 21 ist dagegen insgesamt 184,2 cm und zwischen den Nocken 171,2 cm lang[163] (**Tafel 9, A**). Sein 31,7 cm langes, im Querschnitt ebenfalls fünfeckiges Griffteil hat eine maximale Stärke von 3,5 cm und ist im Zentrum 2,5 cm breit (**Abb. 39**). Die größte Breite der Wurfarme beträgt 3,1 cm, beziehungsweise 3 cm[164]. An dem oberen Bogenarm befindet sich zudem im Abstand von 1,4 cm zum Stabende eine von der Vorder- zur Rückseite hin verlaufenden Bohrung. Der Bogen aus Grab 8 ist dagegen an fast gleicher Stelle seitlich durchbohrt, während bei dem aus Grab 7 oberhalb der Nocke zwei zusätzliche seitliche Kerben eingeschnitten sind. Die Löcher und die Doppelkerbe dienten vermutlich zur Aufnahme eines sogenannten Sehnenhalters, einer an der Sehnenschlaufe befestigten dünnen Schnur, die diese vor dem zu tiefen Herunterrutschen in entspanntem Zustand bewahren sollte. Demzufolge dürfte die Sehne am gegenüberliegenden unteren Ende dauerhaft festgeknotet gewesen sein.

Abb. 39: **Profil des Bogens aus Grab 21 von Oberflacht** (Schema)
Griff *(links)*, Wurfarm *(Mitte und rechts)*

160 *Eine Nutzung des Gräberfeldes von ca. 545 bis 605 n. Chr. ließ sich durch Dendrodatierung nachweisen (Becker 1974). Allerdings wird eine Belegung bis in die frühe Mitte des 7. Jh. angenommen (Schach-Dörges 2002).*

161 *FO: Mikulčice (CZ).*

162 *Junkmanns 2013, S. 45.*

163 *Die Länge des Bogenstabes zwischen den beiden Punkten, wo die Sehne befestigt wird, nennt man die „effektive Länge" des Bogens.*

164 *Alle Maße gem. Riesch 2002.*

Schussfähige Nachbauten des Grab-21-Bogens besitzen Zuggewichte von rund 300 N[165] bei einer Auszugslänge von etwa 58 cm[166]. Damit konnten bei Weitschüssen Reichweiten bis zu 170 m erzielt werden. Dennoch scheinen die Bögen aus Oberflacht auf eine Distanz von vornehmlich 10 bis 40 m ausgelegt gewesen zu sein. Da in diesem Bereich auch die typischen Schussentfernungen für das Erlegen von Schalenwild in bewaldetem Terrain liegen, handelt es sich bei ihnen wohl in erster Linie um Jagdwaffen[167].

Zu den in Stuttgart verwahrten Bogenfragmenten aus dem Oberflachter Gräberfeld zählt auch ein 20,4 cm langes, an beiden Enden gebrochenes Wurfarmsegment aus Eibenholz, das den typischen fünfeckigen Querschnitt mit nach außen weisender Flachseite aufweist. Aus Grab 276 ist zudem ein abgebrochenes Bogenende von 16,7 cm Länge mit fünfeckigem Querschnitt und ausgeprägtem Mittelgrat sowie auswärts geschwungenem Abschluss erhalten. Gemäß Materialbestimmung soll es sich bei dem verwendeten Holz um Weißtanne handeln. Dies ist jedoch äußerst zweifelhaft, da Tannenholz als für den Bogenbau ungeeignet gilt[168]. Ebenso befindet sich im Besitz des Museums ein ungefähr 112 cm langer im Querschnitt fünfeckiger Ulmenholzstab. Da sich trotz starker Deformierung und Schrumpfung des Stabes noch eine ausgedehnte Griffzone mit von den Armen abgesetzten Kanten schemenhaft abzeichnet, wird er als Mittelteil eines ehemaligen Bogens gedeutet[169]. Diese Annahme wird jedoch auch in Frage gestellt[170]. Die anderen beiden Teilstücke dürften dagegen zweifellos von Bögen des Typs Oberflacht stammen.

Ein Holzbogen ganz anderer Art ist aus dem ebenfalls alamannischen Waffengrab von Altdorf in der Schweiz überliefert, das in der Zeit zwischen 660 und 680 n. Chr. angelegt wurde. Es enthielt neben Spatha, Sax und Schild auch einen fragmentierten Eibenholzstab sowie Reste von acht Pfeilen und die eines Köchers. Von dem gemäß Grabskizze ursprünglich 170 bis 180 cm langen Stab sind nur noch ein etwa 80 cm langer Abschnitt und ein Endstück von 9 cm Länge erhalten (**Abb. 40**). Am dickeren Ende misst das längere Teilstück im Durchmesser knapp 3 cm und verjüngt sich zum anderen hin bis auf etwa 1,8 cm. Das ebenfalls 3 cm dicke Endfragment steckt in einer mit einem dünnen Eisennagel fixierten 8,8 cm langen spitzen Tülle aus Eisenblech. Die Abschnitte des Stabes, auf denen sich die Sehnenkerben befanden, haben anscheinend nicht überdauert. Der Bogen ist aus einem größtenteils unbearbeiteten dünnen Eibenstämmchen mit Astquirlen gefertigt, dessen Oberfläche lediglich geglättet wurde. Dadurch, dass der Stamm asymmetrisch auf der einen Seite leicht abgeflacht gewachsen ist, ergibt sich auf natürliche Art ein annähernd D-förmiger Querschnitt. Mit dem Bogen wurden auch Teile der Sehne gefunden, die jedoch nicht mehr vorhanden sind.

Außergewöhnlich an diesem Bogen ist nicht nur, dass sich die Stärke des Stabes von einem Ende zum anderen hin zunehmend verringert, sondern auch dass das dicke Ende mit

165 *Newton (1 Kg = 9,18 N).*

166 *Der Begriff „Auszugslänge" (auch Auszug, Pfeilauszug o. Pfeilauszugslänge) ist nicht einheitlich definiert. Dem hier angegebenen Maß liegt die international allgemein übliche Interpretation zugrunde: „Entfernung zwischen der Bogenaußenkante und der Position der Sehne in der Pfeilkerbe bei voll ausgezogenem Bogen".*

167 *Riesch 2002, S. 23. Als mittlere Schussweite bei der Jagd wird für Langbogen dagegen eine Entfernung von 30-50 m angenommen (Beckhoff 1978, S. 160).*

168 *Junkmanns 2013, S. 355.*

169 *Schiek 1992, S. 26.*

170 *Junkmanns 2013, S. 355.*

Abb. 40: **Fragmente eine Eibenholzstabes mit Eisenspitze**
FO: Altdorf (CH) Grab 4, Dat.: um 670

einer Eisentülle bewehrt ist. Langbögen, bei denen ein Ende von einer Eisen- oder Geweihsprossentülle umschlossen ist, sind ansonsten nur noch aus dem süddänischen Nydam-Moor überliefert[171]. Dabei ist der Sinn derartiger Spitzen nicht ganz klar, zumal es sich bei den Nydam-Bögen eindeutig um Kriegsgerät handelt, während der Altdorfer Bogen aufgrund der beigegebenen breiten Widerhakenspitzen als Jagdwaffe anzusprechen ist. Möglicherweise diente die Bewehrung in beiden Fällen dazu, dass der Bogenstab im Bedarfsfall ungespannt auch als improvisierte Stangenwaffe eingesetzt werden konnte.

Die Interpretation der Altdorfer Eibenstabfragmente als Teile eines Pfeilbogens ist allerdings nicht unumstritten. Es wird entgegengehalten, dass ein Bogen immer in der Mitte am dicksten sein und zu beiden Enden hin stetig dünner werden müsste, um ein gleichmäßiges Biegen der Wurfarme zu ermöglichen. Alternativ wird der Fund als Lanzen- oder Speerschaft mit zugehörigem Lanzenschuh gedeutet [172]. Die Tatsache, dass ein schussfähiger Nachbau des Altdorf-Bogens angefertigt wurde, der mit einem Zuggewicht von 260 N und einer maximalen Reichweite von 140 bis 170 m leistungsmäßig den Langbögen aus Nydam entspricht[173], scheint diesen Einwand jedoch zu entkräften. Auch sprechen Beigaben wie Bogensehne, Pfeile und Köcher eher für einen Bogen. Dagegen enthält die komplett geborgene Grabausstattung weder eine Lanzen- noch eine Speerspitze, womit ein Stangenwaffenschaft mit ziemlicher Sicherheit ausgeschlossen werden kann, zumal die Blechtülle auch am dickeren Stabende steckt, an dem sich eigentlich die Bewehrung und nicht der Lanzenschuh befinden müsste. Zudem sind derartige Spitztüllen als Lanzenschuhe in merowingerzeitlichem Kontext nicht nachgewiesen[174], dafür aber als Endbeschläge nordgermanischer Langbögen.

Fragmente eines weiteren Eibenbogens sind noch aus dem Grab 39 des alamannischen Gräberfeldes von Sontheim an der Brenz aus der ersten Hälfte des 7. Jahrhunderts überliefert. Die stark geschrumpften und in etwa 24 Bruchstücke zersplitterten Holzreste lassen jedoch keine vernünftige Rekonstruktion der Waffe mehr zu. Spuren eines Holzbogens sind auch aus dem Knabengrab unter dem Kölner Dom aus dem frühen 6. Jahrhundert nachgewiesen. Zu den Beigaben gehören außerdem noch drei dreiflügelige Dornpfeilspitzen.

171 *Dat.: 2.-3. Jh. n. Chr.*

172 *Junkmanns 2013, S. 399.*

173 *Riesch 2002, S. 26 u. Abb. 3.*

174 *Eine 9 cm lange geschlitzte Spitztülle aus Eisenblech ist aus Grab 33 des spätmerowingerzeitlichen sächsischen Gräberfeldes von Anderten erhalten, die allgemein als „Lanzenschuh" angesprochen wird (Stein 1967, S. 328). Da aber neben der Tülle nur noch ein Messer im Grab gefunden wurde, lässt sich ihre ursprüngliche Zugehörigkeit zu einer Stangenwaffe jedoch nicht mehr nachweisen.*

Kompositbogen

Im Gegensatz zu den germanischen Holzbögen waren die Kompositbögen reiternomadischer und mediterraner Tradition aus einer Kombination verschiedener miteinander verleimter Werkstoffe gefertigt. Dazu wurde auf die Vorderseite des hölzernen Kerns ein Belag aus Sehnenfasern und auf die Rückseite eine Schicht Hornplatten aufgeklebt (**Abb. 41**). Die Sehnenschicht sollte die Dehnbarkeit des Holzes verbessern, während die Hornschicht der für das Zurückschnellen der Arme benötigten Zähigkeit diente. Diese Methode der Bogenherstellung wurde ursprünglich von iranischen Reitervölkern in der späten Bronzezeit entwickelt. Später kamen im Orient als Verbesserung noch eingespleißte beinerne Verstärkungen an den Wurfarmenden, sogenannte „Siyahs", hinzu, die den Bogen leistungsfähiger machten. Dieser Bogentyp wurde auch vom Römischen Heer übernommen.

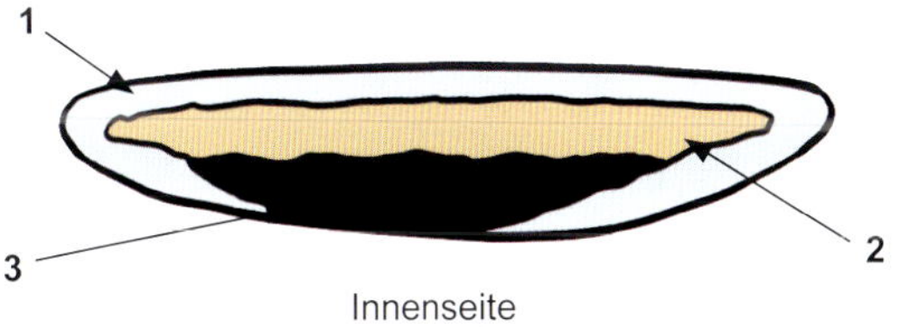

Abb. 41: **Querschnitt durch den Wurfarm eines alanischen Kompositbogens** (Schema)
FO: Moscevaja Balka (RUS), Dat.: 8./9. Jh.
1 Sehnenbelag, **2** Holzkern, **3** Horn

Zu den Germanen gelangte der Kompositbogen allerdings erst mit den Hunneneinfällen des 5. Jahrhunderts. Der hunnische Bogen zeichnete sich durch seine asymmetrische Form aus, die sich daraus ergab, dass der untere Wurfarm kürzer war als der obere. Diese Variante war besonders für den Einsatz vom Pferderücken aus geschaffen. Die Bogenenden waren mit je zwei beinernen Hebelplatten eingeschalt, während eine rückwärtige und zwei seitliche Beinplatten die Griffpartie versteiften (**Abb. 42**). In der zweiten Hälfte des 5. Jahrhunderts tauchen hunnische Reiterbögen zuweilen auch in den Grabinventaren wohlhabender germanischer Krieger auf. So sind Reste eines derartigen Reflexbogens aus einem reich ausgestatteten alamannischen Waffengrab auf dem Ailenberg bei Esslingen-Rüdern überliefert, das in die zweite Hälfte des 5. Jahrhunderts datiert. Zusammen mit einem Satz dreischneidiger Dornpfeilspitzen wurden unteranderem noch eine 13 cm lange schmale, sich zuspitzende Beinplatte und ein noch 2,5 cm breites Plattenfragment geborgen. Die beiden inzwischen verschollenen Teile wiesen Raspelspuren auf und dienten seinerzeit als Versteifungen für einen Bogengriff.

Vereinfachte Stammtafel der Merowinger, Teil 3

- **Dagobert I.** (Austrasien, Gesamtreich) 623-629, 629-639
  - **Sigibert III.** (Austrasien) 639-656
    - **Childebertus adoptivus** (Austrasien) 656-661
    - **Dagobert II.** (Austrasien) 675-679
  - **Chlodwig II..** (Neustrien-Burgund) 639-657
    - **Clothar III.** (Neustrien-Burgund) 657-673
    - **Childerich II.** (Austrien, Gesamtreich) 662-673, 673-675
      - **Chilperich II.** (Gesamtreich) 715/16-721
    - **Theuderich III.** (Neustrien-Burgund, Gesamtreich) 675-679, 679-690
      - **Chlodwig III.** (Gesamtreich) 690/91-694
      - **Childebert III.** (Gesamtreich) 694-711
        - **Dagobert III.** (Gesamtreich) 711-715/16
          - **Theuderich IV.** (Gesamtreich) 721-737
            - ? **Childerich III.** 742-751
      - ? **Chlothar IV.** (Gegenkönig) um 718/19

Austrasischer Krieger Herzog Pippins, Tertry 687 n. Chr.

Nach der Ermordung des aus dem irischen Exil zurückgekehrten austrasischen Königs Dagobert II. stieg König Theuderich III. von Neustrien und Burgund 679 zum fränkischen Alleinherrscher auf. Der wahre Machthaber war jedoch sein Hausmeier Ebroin, der faktisch das gesamte Reich regierte. So kam es zum Konflikt zwischen Ebroin und Pippin dem Mittleren, auch als Pippin von Herstal bekannt, der die Vorherrschaft über Austrasien für sich beanspruchte. Als Pippin mit Unterstützung anderer austrasischer Großer seine Truppen gegen den mächtigen neustrischen Hausmeier ins Feld führte, endete dies für ihn bei Laon zunächst mit einer Niederlage. Wenig später wurde Ebroin jedoch von einem Widersacher aus den eigenen Reihen ermordet. Sein Nachfolger Waratto schloß darauf mit Pippin Frieden und erkannte ihn als Herzog von Austrasien an. Als Waratto starb, übernahm sein Schwiegersohn Berchar nach internen Machtkämpfen das Hausmeieramt. Einige seiner einflussreichen neustrischen Rivalen verbündeten sich jedoch mit Pippin, der dadurch ermuntert, gegen Berchar und König Theuderich zu Felde zog und die Neustrier 687 in der Schlacht von Tertry an der Somme entscheidend schlug. Dieser Sieg ebnete Pippin schließlich den Weg zur Macht im Frankenreich.

Die Figur stellt einen einfachen Krieger aus dem Heer Pippins dar, der als Plänkler vor dem Schildwall steht. Seine militärische Ausrüstung ist nach den Beigaben eines Waffengrabes aus Heddesheim aus der Zeit um 700 gestaltet, das eine leichte Lanzenspitze, einen Langsax und einen schlichten kuppelförmigen Schildbuckel enthielt.

Bekleidet ist er mit einem Hemdkittel aus großkariertem Wolltuch, das einem Moorfund aus Bernuthsfeld nachempfunden ist. Der ungefähr 42 cm mal 22 cm große erhaltene Flicken stammt dabei vermutlich von einem wiederverwerteten abgetragenen Mantel und dient als Beleg dafür, dass karierte Textilien noch bis in das 8. Jahrhundert hinein bei germanischen Völkern in Gebrauch waren. Eine funktionale ovale Eisenschnalle (FO Kirchheim/Ries Grab 53) schließt den schmucklosen Leibgurt, an dem außer der Saxscheide noch ein Zugbeutel und ein kleines Messer (FO Kirchheim/Ries Grab 50) hängen. Als Beinkleider dienen ein Paar weitgeschnittene Hosen aus ungebleichtem Leinen, die von der Darstellung eines Schnitters aus dem Salzburger Kalendarium übernommen sind. Die Schuhe der damaligen Zeit waren nur wenig strapazierfähig und verschlissen daher unter Feldzugsbedingungen recht schnell. So trägt unser Franke alternativ eine Fußbekleidung aus Wickelbinden, die auch die Unterschenkel bedecken. Sie entsprechen einer Illustration in der Bibel Karls des Kahlen.

Der Krieger ist hier zu sehen, wie er mit der Rechten den Langsax schwingt, während er in der Linken einen Ovalschild hält. Seine Hauptwaffe, eine Stoßlanze, liegt dagegen zerbrochen vor ihm auf dem Boden.

Ab dem späten 6. Jahrhundert erscheinen dann im merowingischen Fundgut vermehrt Reflexbögen awarischer Bauart. Auch wenn sie nicht ganz so rar sind wie die Hunnenbögen, bleiben sie ebenfalls auf reicher ausgestattete Gräber beschränkt, wie die überlieferten Exemplare aus Cannstatt, Bülach (CH) und Rommersheim belegen. Der Awarenbogen unterscheidet sich von dem der Hunnen vor allem durch seine gleichlangen Wurfarme mit stärker recurv gekrümmten Endversteifungen. Auch umschlossen jedes Wurfarmende außer den beiden Hebelplatten noch je zwei zusätzlich eingefügte keilförmige Plättchen. Der Griff war wiederum mit drei Beinplatten an Seiten und Bauch eingeschalt. Frühawarische Hebelplatten sind oberhalb der Nocken etwa 2 cm breit[175]. Im Laufe des 7. Jahrhunderts verbreitern sie sich jedoch auf 3 bis 4 cm. Die Gesamtlänge der meisten Awarenbögen dürfte dabei zwischen 130 cm und 140 cm gelegen haben.

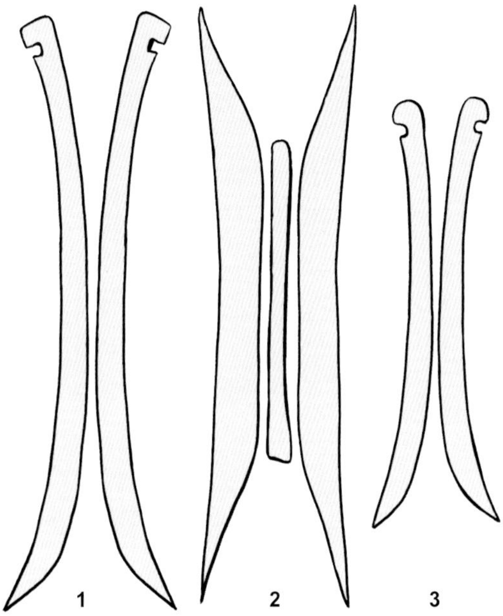

Abb. 42: **Beinerne Verstärkungsplatten eines hunnischen Reflexbogens**
FO: Wien-Simmering (A), Dat.: 5. Jh.
1 obere Hebeleinschalung, L. 38,5 cm;
2 Griffeinschalung, L. 39 cm;
3 untere Hebeleinschalung, L. 27,3 cm

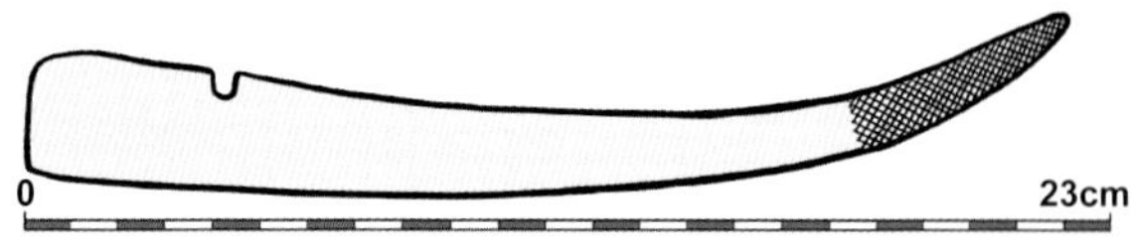

Abb. 44: **Beinerne Hebelplatte eines mittelawarischen Bogens**
FO: Stuttgart-Bad Cannstatt, Dat.: 2. Hälfte 7. Jh.

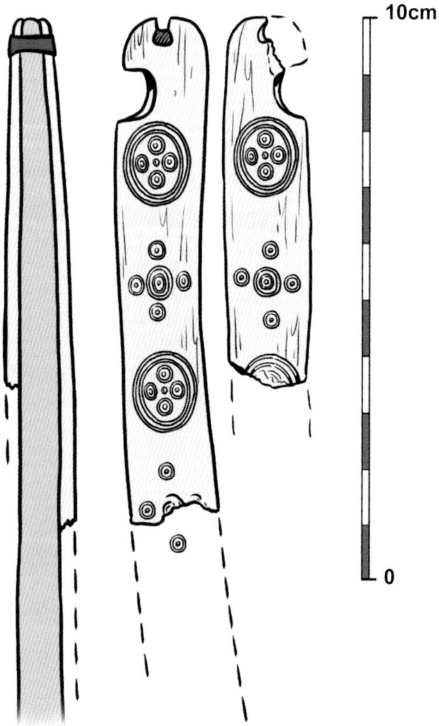

Abb. 43: **Fragmente einer verzierten beinernen Hebeleinschalung von einem hunnischen Bogen**
FO: Bremen-Mahndorf, Dat.: 5. Jh.

Zwei fragmentierte Knochenplatten von 13 cm und 13,8 cm Länge von der Griffeinschalung eines awarischen Kompositbogens sind aus Grab 18 des alamanischen Gräberfeldes von Bülach (CH) aus der Zeit um 600 n. Chr. überliefert. Die beinerne Nockenpartie eines frühawarischen Reflexbogens wurde wiederum aus dem Grab 54 von Rommersheim geborgen, in dem in der ersten Hälfte des 7. Jahrhunderts ein vornehmer Franke seine letzte Ruhe fand. Ebenso sind aus der alamanischen Begräbnisstätte in der Taubenheimstraße von Stuttgart-Bad Cannstatt aus der zweiten Hälfte des 7. Jahrhunderts drei Fragmente von den beinernen Endversteifungen eines Bogens der mittelawarischen Epoche erhalten. Es handelt sich um eine in zwei Teile zerbrochene, ursprünglich etwa 22 cm lange Hebelplatte (**Abb. 44**) und das Bruchstück einer weiteren Platte.

Da nur zwei der ursprünglich 11 zur Hebel- und Griffeinschalung gehörigen Beinplatten fragmentiert vorliegen, müssen für die Rekonstruktion des Cannstatter Bogens zeitgleiche Funde von kompletten Plattensätzen aus Ungarn herangezogen werden[176], um die fehlenden Teile zu ergänzen (**Tafel 9, D**). Über die übrigen verwendeten organischen Materialien sowie deren Verarbeitung geben wiederum sowohl eine einschlägige türkische Schriftquelle[177] als auch etliche gut erhaltene östliche Kompositbögen aus anderen Epochen Auskunft[178]. Demnach bildete den Kern der Wurfarme feingemasertes elastisches Ahornholz. Für den Griff wurde dagegen das harte Holz der Kornelkirsche verwendet. Arme und Griff waren mittels V-Spleiß verbunden. Die Bogeninnenseite wurde mit Streifen von Rinderhorn

175 *Bezüglich der Tracht und Bewaffnung der Awaren werden 3 Entwicklungsphasen unterschieden: frühawarisch (568-650 n. Chr.), mittelawarisch (650-710 n. Chr.) und spätawarisch (710-830 n. Chr.).*

176 *FO: „Fehértó-B“ (H).*

177 *Mustafa Kani: „Telhis resail er-rümat“.*

178 *Vornehmlich osmanische, aber auch alanische Bögen.*

beklebt. Als Leim dienten eingekochte Tiersehnen oder auch die Schwimmblasen von Stören. Den Sehnenbelag der Außenseite lieferten weichgeklopfte Achillessehnen von Ochsen. Wurfarmenden und Griffpartie wurden mit Beinplättchen eingeschalt, die zur besseren Haftung innen aufgeraut waren. Die vier Verbindungstellen von Knochenschalung und Bogenarmen erhielten zudem eine verstärkende Umwicklung aus Sehnen. Im Bereich dieser Bandagen waren die Beinplatten ebenfalls mit sich kreuzenden Ritzlinien geraut. Zum Schutz vor Feuchtigkeit konnten empfindliche Partien des Bogens noch mit einem wasserabweisenden Überzug aus Birkenbast versehen werden. Der gesamte Fertigungsprozess zog sich dabei über mehrere Jahre hin.

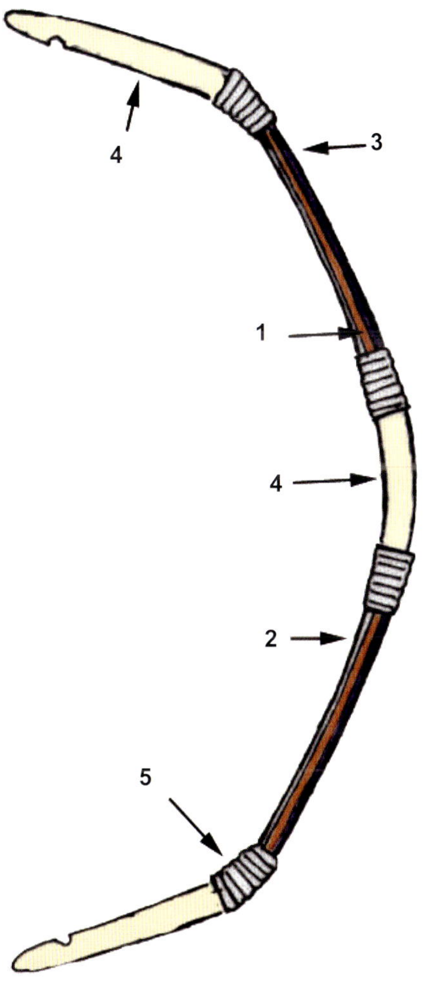

Abb. 45: **Aufbau eines Komposit-Reflexbogens** (Schema, ungespannter Zustand)

1 Holzkern
2 Sennenbelag
3 Hornschicht
4 Beinversteifung
5 Sehnenumwicklung

Aufgrund dieser Verbundbauweise verfügten die kleineren und leichteren Kompositbögen im Vergleich zu den langen Holzbögen eine gesteigerte Spannkraft. Nachteilig waren dagegen neben einer höheren Anfälligkeit gegen Nässe vor allem die hohen Materialkosten und der erhebliche Zeitaufwand bei der Herstellung. Somit stellten die teuren importierten östlichen Reflexbögen für ihre fränkischen und alamannischen Besitzer zweifellos hochgeschätzte Prestigeobjekte dar.

Bogensehne

An das Material der Bogensehne wurden besondere Anforderungen gestellt, da diese möglichst unnachgiebig gegen Zugbelastung zu sein hatte und eine Reißfestigkeit mindestens fünfmal so groß wie die Zugkraft haben musste. Für Sehnenschnüre langer Vollholzbögen wurden daher allgemein pflanzliche Fasern, wie Leinen oder auch Bast bevorzugt. Dagegen verarbeitete man byzantinischen Quellen zufolge für die Bogenschnüre östlicher Kompositbögen vornehmlich Rindersehnen, Hirschhaut oder Tierdärme. Allerdings waren Sehnen aus diesen Materialien dehnbarer und auch witterungsanfälliger als solche aus Pflanzenfasern und somit eigentlich weniger geeignet. Dabei ist anzunehmen, dass Bogenschnüre sowohl aus vegetabilem als auch tierischem Material grundsätzlich mit Wachs oder Fett imprägniert wurden, um sie vor Nässe zu schützen und geschmeidig zu halten.

Reste einer etwa 3 mm starken Bogensehne aus dreifach in S-Drehung gezwirnter Schnur wurden in dem Altdorfer Grab neben dem Bogen gefunden. Bedauerlicherweise hatte man seinerzeit versäumt, an den heute nicht mehr erhaltenen Fragmenten eine Materialanalyse vorzunehmen. Die Größe der Sehnenkerben an den Bögen von Oberflacht und Nydam lässt wiederum auf eine Schnurstärke von etwa 4 mm schließen. Dass die Sehnenschnüre awarischer Reflexbögen dagegen etwas dicker waren, ist an den zahlreichen überlieferten Hebelplatten zu erkennen, deren Nockendurchmesser gewöhnlich 5 bis 6 mm beträgt.

Grundsätzlich war der Bogen bei Nichtbenutzung entspannt, damit er nicht an Spannkraft und Flexibilität einbüßte. So wurden lange Vollholzbögen immer erst unmittelbar vor Gebrauch gespannt. Dazu wurde die Sehne, die meist am unteren Bogenende dauerhaft festgeknotete war, mittels einer Schlaufe in die Nocke des oberen Wurfarms eingehängt. Östliche Reiternomaden und byzantinische berittene Bogenschützen führten dagegen in der Regel auf Kriegszügen ihre kurzen Reflexbögen in gespanntem Zustand mit. Gewöhnlich steckte der schussbereite Bogen dabei bis zu seiner halben Länge in einer am Gürtel befestigten breiten Ledertasche. So ist es denkbar, dass derartige Bogenköcher zusammen mit den importierten Kompositbögen auch in den Besitz fränkischer und alamannischer Krieger gelangten. Den archäologischen Nachweis dafür liefern möglicherweise Lederspuren mit kleinen Bronzestiften und Silberblechresten an zwei Bleiknöpfen, die nahe den beinernen Bogengrifffragmenten in Grab 18 von Bülach gefunden wurden. Aufgrund ihrer Lage im Grab könnten diese durchaus von einer zugehörigen Bogentasche stammen.

Pfeile

Das zum Bogen gehörende Geschoss, der Pfeil, besteht aus einem im Querschnitt runden Holzschaft, der am vorderen Ende mit einer Spitze bewehrt ist. Am entgegengesetzten Ende befindet sich eine Kerbung zum Aufsetzen es Pfeils auf die Bogensehne. Unmittelbar davor ist die zur Stabilisierung der Flugbahn dienende Befiederung angebracht.

Schaft

Komplett erhaltene Pfeilschäfte aus der Merowingerzeit liegen heute keine mehr vor. Überliefert sind lediglich Schaftfragmente, meist in Form von in Pfeilspitzentüllen stekkenden Resten, die immerhin für die Bestimmung der verwendeten Holzarten herangezogen werden können. Hinweise auf die Beschaffenheit merowingerzeitlicher Schäfte liefert daher hauptsächlich die bereits 1846 erstellte Funddokumentation des Gräberfeldes von Oberflacht[179]. Sie enthält eine recht genaue Beschreibung samt Detailzeichnung von drei heute nicht mehr vorhandenen Pfeilschäften, die in ihrer ganzen Länge aus Grab 12 geborgenen wurden[180]. Die ohne Bewehrung umgerechnet etwa 58 cm[181] langen Rundhölzer waren am vorderen Ende etwas dicker als am hinteren. Sie hatten an der Spitze einen Durchmesser von 11 mm und verjüngten sich gleichmäßig nach hinten bis kurz vor der deutlich abgesetzten 12 mm starken Nockenpartie auf 8 mm (**Abb. 46**). Verglichen mit den Pfeilschäften aus Nydam und Thorsberg, die immerhin 63 bis 89 cm lang waren, fallen die aus Oberflacht relativ kurz aus. Einschließlich Bewehrung können die Pfeile aus Grab 12 auch nicht länger als maximal 65 cm gewesen sein, wohingegen die Gesamtlänge der meisten mittelalterlichen Langbogenpfeile zwischen 70 und 85 cm gelegen haben dürfte. Kompositbögen wiederum verschossen aufgrund ihres längeren Auszugs generell längere Projektile als Vollholzbögen.

Zwei Schaftfragmente aus den Gräbern 71 und 72 von Oberflacht, deren Funde nicht voneinander getrennt werden können, sind heute noch erhalten[182]. Es handelt sich dabei um ein 18,8 cm langes Schaftvorderteil aus Birkenspaltholz und ein 19,9 cm langes Bruchstück aus dem Schössling des Wolligen Schneeballs. Im Gegensatz zu den aus Grab 12 beschriebenen Schäften lassen die beiden Fragmente keinerlei Verjüngung erkennen, sondern weisen durchgängige Schaftdurchmesser von 9 mm und 10 mm auf. Pfeilschäfte konnten demnach, je nach Holzart, entweder aus Spaltbohlen herausgearbeitet werden, oder auch aus einzelnen geraden Zweigen gefertigt sein. So sind aus Altdorf sowohl Schäfte aus geglätteten Geißblattzweigen als auch solche aus Hasel- und Eschenholzbrettern durch Bruchstücke nachgewiesen. Aus dem fränkischen Gräberfeld von Köln-Müngersdorf sind zudem Fichte, Tanne, Kiefer, Buche und Apfel als Schafthölzer überliefert. Geringe Reste von Rotbuche und Birke sind des weitern noch an Pfeilspitzen aus Niederstotzingen erkennbar.

Der Birkenholzrundstab aus Grab 71/72 von Oberflacht ist vorn zum Einsetzen in die Pfeilspitzentülle auf einer Länge von etwa 2,5 cm konisch zugespitzt. Zudem ist in dem Konus noch ein kleines Bohrloch zur Aufnahme eines dünnen Eisenstiftes zu erkennen, der zur Fixierung der Spitze diente. Ebenso sind auf der Zeichnung von 1846 die Schäfte aus Grab 12 angespitzt dargestellt. Gemäß Funddokumentation waren bei einigen der Oberflachter Pfeile außerdem Eisennägelchen zur Tüllenbefestigung vorhanden. Die konische Zuspitzung der Schäfte und auch die Schaftnägel zeigen, dass die zugehörigen Pfeilspitzen einst mittels einer Schlitz- oder Volltülle befestigt waren. Bei Pfeilspitzen mit Schaftdorn oder Schaftzunge wäre dagegen die Schaftspitze zur Aufnahme derselben zusätzlich mit einer Bohrung oder einem Spalt versehen gewesen. Des Weiteren war bei einigen der Schäfte aus Oberflacht an der Spitze angeblich eine zinnoberrote Bemalung zu erkennen. Rot bemalte Pfeilschäfte sind ansonsten noch aus hunnischem und nordgermanischem Kontext bekannt.

Zur Stabilisierung der Flugbahn sind Pfeilschäfte hinten mit einer Befiederung versehen, die den Pfeil bei Abschuss in Rotation versetzt. Dazu wurden zwei, drei, vier oder auch fünf Federhälften, sogenannte „Fahnen", am Schaft angeklebt und mit einer Umwicklung aus dünnem Garn oder Bastfäden zusätzlich befestigt (**Abb. 47**). Als Klebstoff diente dabei meist Birkenpech. Für die Fahnen wurden im Mittelalter wiederum gern die Federn der Graugans verwendet. Allerdings sind aus der Merowingerzeit selbst keinerlei Pfeilschäfte oder Schaftfragmente erhalten, die noch eine Befiederung aufweisen. Wertvolle Hinweise liefert daher auch in dieser Hinsicht die zeichnerische Dokumentation der Oberflachter Pfeile. So zeigt sie eine 9 cm lange, 1,4 cm vor der verstärkten Nockenpartie beginnende Schaftumwicklung[183], auf der eine angedeutete Federkiellinie zu erkennen ist. Die skiz-

179 *Bei den Grabungen in Oberflacht wurden zwischen 1812 u. 1892 insgesamt mindesten 18 Pfeilschäfte, bzw. Schaftfragmente geborgen, die bis auf 2 bekannte Bruchstücke nicht mehr erhalten, bzw. auffindbar sind. Dabei waren lediglich von den beiden 1892 geborgenen Pfeilfragmenten aus Grab 84 bei Auffindung auch die zugehörigen eisernen Spitzen vorhanden.*

180 *Dürrich/Menzel 1847, Taf. IX.*

181 *Gem. Beschreibung etwa 2 Fuß (Württembergisches Fußmaß).*

182 *AO: Naturhistorisches Museum Spaichingen.*

183 *Zum Vergleich: Bei aus Nydam (DK) überlieferten Pfeilen war die Befiederung 8-12 cm lang.*

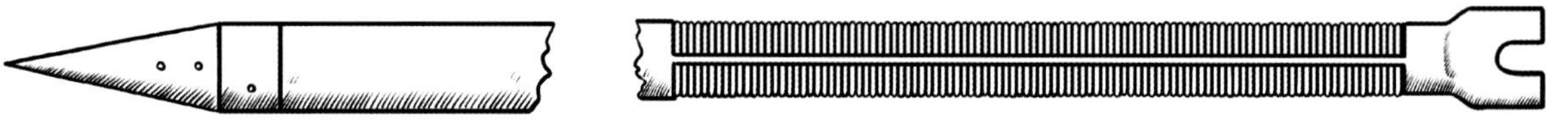

Abb. 46: **Zeichnerische Dokumentation der Schäfte aus Oberflacht von 1846** (nach G. Eberlein)

Tafel 9: **Pfeil und Bogen**

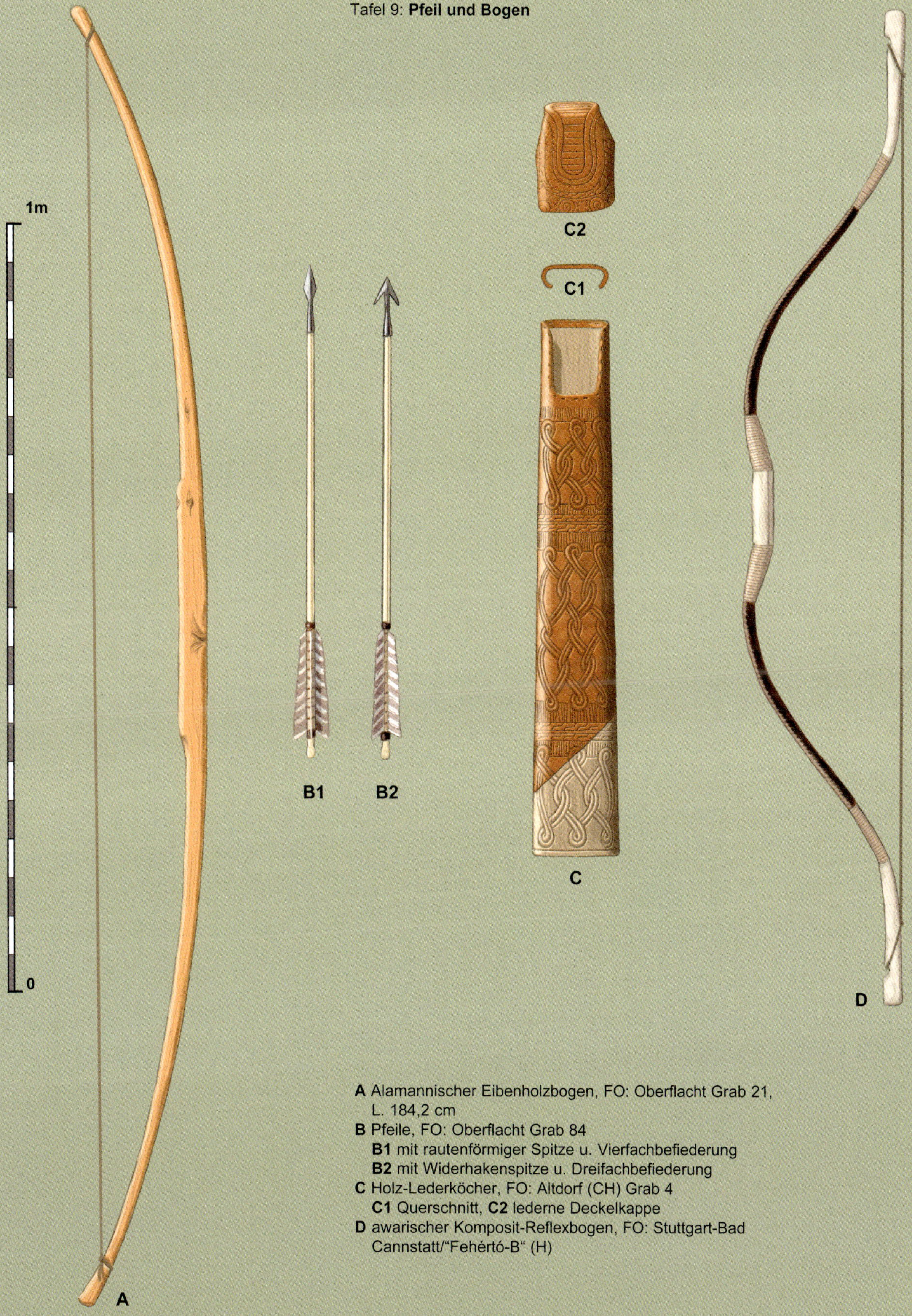

A Alamannischer Eibenholzbogen, FO: Oberflacht Grab 21, L. 184,2 cm
B Pfeile, FO: Oberflacht Grab 84
B1 mit rautenförmiger Spitze u. Vierfachbefiederung
B2 mit Widerhakenspitze u. Dreifachbefiederung
C Holz-Lederköcher, FO: Altdorf (CH) Grab 4
C1 Querschnitt, **C2** lederne Deckelkappe
D awarischer Komposit-Reflexbogen, FO: Stuttgart-Bad Cannstatt/"Fehértó-B" (H)

zierte mittige Position der Fahne auf der Schaftober- oder Unterseite lässt den Schluss zu, dass die Pfeile ursprünglich entweder eine zweifache oder eine vierfache radiale Befiederung gehabt haben müssen. Dies überrascht etwas, da in Europa seit dem Neolithikum allgemein die dreifache Radialbefiederung vorherrscht, die auch den optimalen Kompromiss zwischen Steuerwirkung und Geschwindigkeit darstellt[184]. Eine vierfache Befiederung ist dagegen nur für südskandinavische Pfeile aus dem Frühmittelalter typisch. Über die Form von frühmittelalterlichen Federfahnen geben wiederum Bildquellen der Karolingerzeit Auskunft, die Pfeile mit verbreiterter Nockenpartie und trapezförmigen Flugstabilisatoren zeigen.

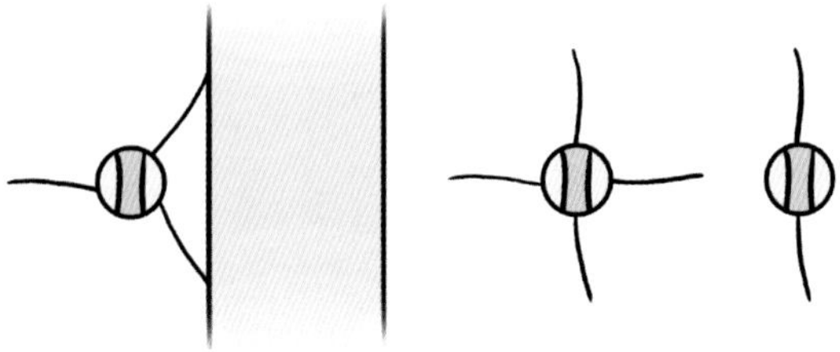

Abb. 47: **Arten der Radialbefiederung von Pfeilschäften** (Schema)

Pfeilspitzen

Den einzigen Hinweis auf eine Bogenwaffe liefern in merowingerzeitlichen Kriegergräbern meist nur die häufig erhaltenen eisernen Pfeilspitzen. Sie zeigen eine reiche Vielfalt hinsichtlich Form, Größe, Art der Schaftbefestigung und Verwendungszweck, die vornehmlich auf germanische Traditionen aber auch fremde Einflüsse zurückzuführen ist. Grundsätzlich kann zwischen Pfeilen für die Jagd und solchen für den Krieg unterschieden werden.

Unter letzteren herrschen während der gesamten Reihengräberzeit Typen von zweischneidigen flachen Spitzen mit ovalem oder rautenförmigem Blattumriss und flachrhombischem oder spitzovalem Blattquerschnitt vor (**Abb. 48, 2a u. 2b**). Wesentlich seltener ist dagegen die Form mit dreieckigem abgesetztem Blatt, die auch erst ab dem fortgeschrittenen 7. Jahrhundert auftritt (**Abb. 48, 5**). Flachspitzen besitzen in der Regel eine Schlitz- oder Volltülle, die auf dem eingesetzten hölzernen Schaftende gewöhnlich mit Pech oder Harz festgeklebt wurde. Zusätzlich konnte die Tülle noch mit einem kleinen Schaftnägelchen gesichert sein. Diese zweischneidigen flachen Projektilköpfe mit einer Breite von vorwiegend 1,5 bis 2 cm waren im Gefecht gegen ungepanzerte Ziele äußerst wirkungsvoll. Einen Panzerschutz konnten sie allerdings nicht durchdringen. Panzerbrechende Pfeilspitzen mit hoher Durchschlagskraft sind dagegen von bolzen- oder nadelartiger Form und treten in den Grabinventaren vergleichsweise selten auf. Dabei haben einheimische Bolzenspitzen in der Regel ebenfalls eine Tülle (**Abb. 48, 2c**), während diejenigen östlicher Herkunft meist einen Schaftdorn besitzen (**Abb. 48, 4b**). Nadelspitzen weisen gewöhnlich ebenso wie die Bolzen einen viereckigen Querschnitt auf (**Abb. 48, 3b**), können aber auch rund sein.

Für die Jagd bestimmt waren wiederum die aus etlichen Gräbern vorliegenden zweischneidigen, meist 3 bis 4 cm breiten Widerhakenspitzen mit tordierter oder glatter Tülle (**Abb. 48, 1b u. 3a**). Pfeile, die anstatt mit einer eisernen Spitze mit einer stumpfen kolbenartigen Verdickung bewehrt sind und von der Steinzeit bis in das Mittelalter zum Erlegen von Niederwild wie Vögeln oder kleinen Pelztieren verwendeten wurden, lassen sich für die Merowingerzeit dagegen nicht nachweisen. Dies dürfte jedoch vornehmlich an der Vergänglichkeit des Materials liegen. Überliefert ist dafür einmal eine Pfeilspitze in Form eines Dreizacks, die in Grab 71 von Bülach (CH) gefunden wurde. Möglicherweise diente sie zum Fischfang.

Außer den beschriebenen einheimischen Typen treten in merowingerzeitlichen Gräbern zuweilen auch dreiflügelige Pfeilspitzen reiternomadischer Art von 1 bis 2 cm Durchmesser auf, die in der Regel einen Schaftdorn besitzen. Letzterer wurde zur Befestigung in das aufgebohrte Schaftende eingeklebt, das zusätzlich noch eine verstärkende Schnurumwicklung aus Garn, Pflanzenfasern oder Sehne erhielt. In einigen Fällen, wie in Esslingen-Rüdern oder Bülach, sind derartige Dornpfeilspitzen mit Resten östlicher Kompositbögen vergesellschaftet. Dabei dürften die Dreiflügeler aus frühmerowingischen Gräbern hunnischer oder sarmatischer Herkunft sein (**Abb. 48, 1a**), während diejenigen, die ab dem späten 6. Jahrhundert auftauchen, mit Sicherheit von den seit 568 n. Chr. in Ungarn ansässigen Awaren stammen (**Abb. 48, 4a**). Es wird davon ausgegangen, dass die awarischen Pfeilspitzen, ebenso wie die dazugehörigen Reflexbögen, durch langobardische Vermittlung in den Besitz fränkischer und alamannischer Krieger gelangten[185].

Nur in seltenen Fällen stellen dreischneidige Dornpfeilspitzen den einzigen beigegebenen Typ dar, so wie in Grab 21b von Inzing-Hartkirchen oder in Esslingen-Rüdern. Meist sind sie mit einheimischen Formen vergesellschaftet, wie zum Beispiel in Hammelburg, wo neben den beiden Dreiflügelern noch zwei Widerhakenspitzen und zwei Flachspitzen mit langovalem Blatt erhalten sind (**Abb. 48, 1**). Aus Grab 18 von Bülach (CH) ist wiederum ein zwölfteiliger Satz Pfeile überliefert, zu dem zwei dreiflügelige Spitzen, fünf Bolzen- und vier Flachspitzen, sowie eine äußerst seltene querschneidige Pfeilspitze gehören (**Abb. 48, 4**). Allen ist gemeinsam, dass sie einen Schaftdorn besitzen. Dabei hat es den Anschein, als handele es sich bei der gesamten Pfeil- und Bogenaustattung um einen langobardischen Import awarischen Ursprungs. Allgemein wurden Pfeile meist in Dreizahl, wie in den Oberflachter Gräbern, oder als Bündel von fünf bis elf Stück beigegeben. Allerdings sind aus Oberflacht lediglich zwei eiserne Spitzen nachgewiesen, nämlich eine Widerhakenspitze und eine Flachspitze mit rautenförmigem Blatt aus dem „Sängergrab" 84[186] (**Tafel 9, B**). Die einzelnen überlieferten Pfeilspitzensätze enthalten meist Vertreter verschiedener Typen und Varianten. So umfasst beispielsweise die Köcherbefüllung des in Grab 3c von Niederstotzingen bestatteten Reiters sechs langovale und rautenförmige Blattspitzen, die sich hinsichtlich Größe und Proportionen voneinander unterscheiden, sowie eine bolzenartige Spitze mit rechteckigem Querschnitt (**Abb. 48, 2**).

Zuweilen treten in Gräbern der älteren Merowingerzeit in Ein-, Zwei- oder Dreizahl lang-bis breitovale Geschossspitzen auf, deren Zuordnung aufgrund ihrer beträchtlichen Größe in der Forschung umstritten ist[187]. Sie haben gewöhnlich einen Tüllendurchmesser von 10 bis 13 mm, sind etwa

184 Junkmanns 2013, S. 341.

185 Werner 1953, S. 64.

186 Ehem. AO: MUV, Berlin; nicht mehr auffindbar - vermutl. Kriegsverlust.

187 Siehe auch Abschnitt „Leichte Wurfspieße".

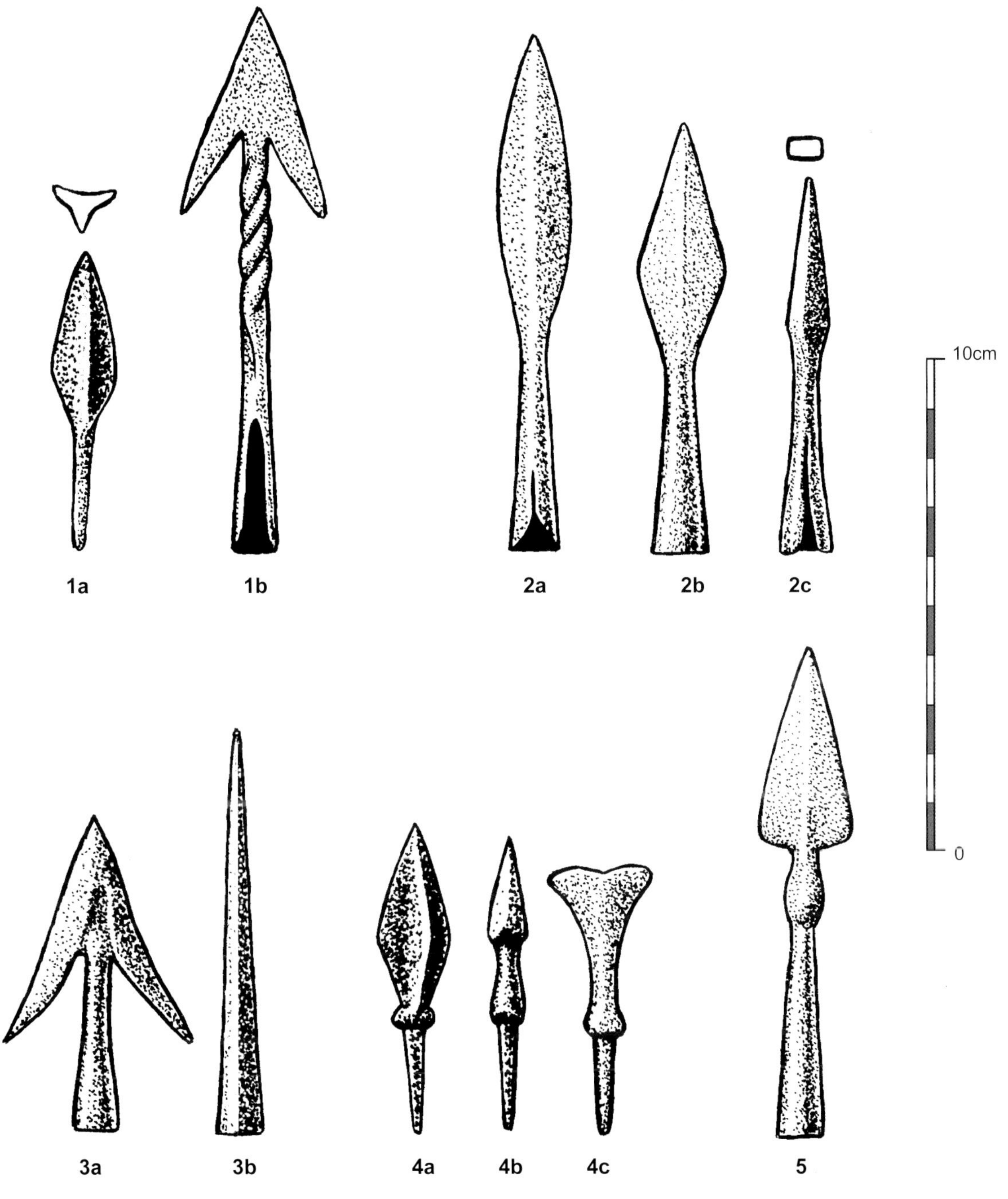

Abb. 48: **Pfeilspitzen des 5.-7. Jh. n. Chr.**

1a dreiflügelige Dornpfeilspitze, FO: Hammelburg, L. 6,2 cm Dat. spätes 5. Jh.
1b Widerhakenspitze mit tordierter Tülle, FO: Hammelburg
2a spitzovale Flachspitze, FO: Niederstotzingen Grab 3c, Dat.: um 600
2b rautenförmige Flachspitze, FO: Niederstotzingen Grab 3c
2c Bolzenspitze mit rechteckigem Querschnitt, FO: Niederstotzingen Grab 3c
3a breite Widerhakenspitze, FO: Bülach (CH) Grab 123
3b Nadelspitze, FO: Bülach (CH) Grab 123
4a awarische dreiflügelige Spitze, FO: Bülach (CH) Grab 18, Dat.: frühes 7. Jh.
4b awarische Bolzenspitze, FO: Bülach (CH) Grab 18
4c avarischer Querschneider, FO: Bülach (CH) Grab 18
5 dreieckige Flachspitze, FO: Löhningen-Einfang (CH) Grab 2, L. 10,2 cm, Dat.: spätes 7. Jh.

10 bis 15 cm lang und 2,3 bis 3 cm breit und wiegen ungefähr 20 bis 30 g. Völkerwanderungszeitliche Exemplare erreichen sogar Längen von 17 und 25 cm. Es stellt sich die Frage, ob es sich hierbei tatsächlich um Spitzen für Pfeile, oder aber um Bewehrungen von leichten Wurfspeeren handelt. Da der experimentelle Nachweis gelungen ist, dass auch Pfeile mit 50 bis 60 g Gesamtgewicht[188], wovon etwa 40 % auf die eiserne Spitze entfallen, noch von einem leistungsstarken Bogen effektiv verschossen werden können[189], ist eine Interpretation als Pfeilspitzen in den meisten Fällen zunächst nicht auszuschließen. Auffällig ist jedoch, dass die großen Geschossspitzen die für Pfeilbewehrungen übliche Formenvielfallt vermissen lassen und in ihrem Auftreten, ebenso wie Franziska und Ango, zeitlich auf das 5. und 6. Jahrhundert beschränkt sind. Zieht man diese Tatsachen zusammen mit den überlieferten Maßen und Gewichten in Betracht, erscheint letztlich eine Deutung als Bewehrung für leichte Wurfspieße glaubhafter.

Köcher

Generell wurden Pfeile in einem dafür bestimmten Behälter, dem Köcher, aufbewahrt und mitgeführt. Dieser konnte aus Holz, Rinde, Leder, Fell oder auch Flechtwerk gefertigt sein. Holzkonstruktionen waren dabei gewöhnlich mit Leder oder Fell überzogen. In Mitteleuropa war vornehmlich der zylindrische Rundköcher in Gebrauch, wie er auf zahlreichen römischen und mittelalterlichen Bildwerken zu sehen ist. So wird auf einem römischen Kalenderbild aus dem 4. Jahrhundert ein gefangener Germane mit seinen Waffen gezeigt, zu denen auch ein deckelloser Köcher mit rundem Profil und Randwulst gehört (**Abb. 49, 2**). In ihm steckt ein Bündel von Pfeilen, deren Befiederung sichtbar über die Mündung hinausragt. Im Utrechter Psalter aus dem frühen 9. Jahrhundert sind wiederum zylindrische Pfeilköcher dargestellt, die mit zwei dünnen Riemchen am Korpus befestigte kappenartige Deckel besitzen (**Abb. 49, 1**). Mittelalterlichen Abbildungen gemäß wurde der Rundköcher entweder von der rechten Hüfte hängend oder über den Rücken geschlungen getragen. Bei der Hüfttrageweise konnte er wiederum mittels Zweipunktaufhängung sowohl am Leibgürtel als auch an einem Schultergurt befestigt sein.

Durch die Hunnen und Awaren gelangten zudem Pfeilköcher reiternomadischen Typs mit leicht trapezförmigem Korpus und flachovalem Profil in das Frankenreich. Während die Pfeile in germanischen Rundköchern zumeist mit der Spitze nach unten steckten, waren sie dagegen in östlichen Reiterköchern immer mit der Spitze nach oben verstaut. Bei letzteren war daher der untere Teil zur Aufnahme der befiederten Schaftenden leicht verbreitert.

Abgesehen von einer glücklichen Ausnahme, sind aus der Merowingerzeit keine Überreste von Pfeilbehältern überliefert, die eine zuverlässige Rekonstruktion zulassen, was angesichts der Vergänglichkeit des organischen Materials nicht überrascht. Vergangene Köchern lassen sich meist nur indirekt durch geringe lederne Anhaftungen nachweisen, die gelegentlich an zusammengerosteten eisernen Spitzen von Pfeilbündeln, wie zum Beispiel in Grab 1088 von Krefeld-Gellep, zu erkennen sind. Zudem wurden in dem alamannischen Fürstengrab von Gammertingen bei seiner Entdeckung im Jahre 1902 unter anderem die Reste eines befüllten Pfeilköchers freigelegt, der allerdings aufgrund seines stark verrotteten Zustandes damals nicht geborgen werden konnte. Bedauerlicherweise wurde seinerzeit auch keine Zeichnung von dem Objekt angefertigt, die über sein Aussehen Auskunft geben könnte. Aus dem Fundbericht geht lediglich hervor, dass es sich um einen mit Eisenblech beschlagenen Köcher aus Holz und Leder handelte. Indes kann trotz des fehlenden eindeutigen archäologischen Nachweises für merowingerzeitliche germanische Rundköcher aufgrund jüngerer und älterer Bilddarstellungen davon ausgegangen werden, dass sie auch durchgängig in dieser Periode in Gebrauch waren.

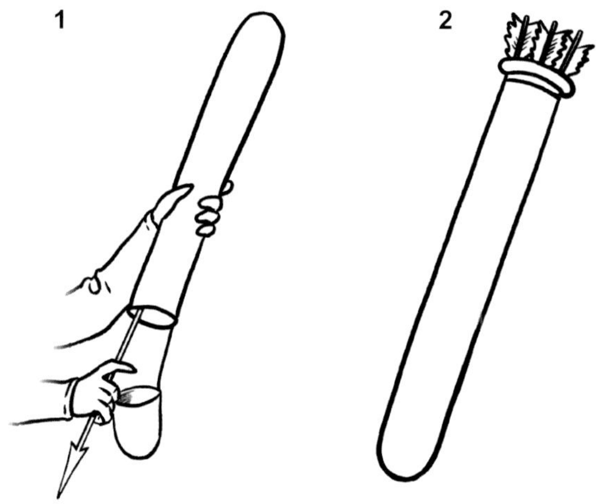

Abb. 49: **Bilddarstellungen von Rundköchern** (Umzeichnungen)
1 Utrechter Psalter, 1. Hälfte 9. Jh.
2 römisches Kalenderbild, 4. Jh.

Es ist daher bemerkenswert, dass der einzige ausreichend erhaltene Pfeilköcher der Reihengräberzeit, der zusammen mit dem Langbogen aus Altdorf gefunden wurde, in seiner Gestaltung starke östliche Einflüsse erkennen lässt (**Tafel 9, C**). Auch steckten die beigegebenen acht Jagdpfeile nach reiternomadischer Sitte mit der Spitze nach oben darin. Sein zweischaliger, mit Hartholzstiften zusammengefügter Korpus aus Lindenholz hatte ein hinten abgeflachtes langovales Profil, war an der Mündung 7,8 cm breit und verbreiterte sich nach unten kontinuierlich. Der auf der Vorderseite mit Flechtbandmustern schnitzverzierte Holzkörper wurde zudem mit einem aufgeklebten Überzug aus dünnem Rindsleder versehen, der analog in Presstechnik dekoriert war. Ein ebenfalls verzierter lederner Stülp- oder Klappdeckel diente als oberer Verschluss. Die beiden 2 cm breiten und 1,5 cm tiefen den Korpus umlaufenden Nuten waren möglicherweise für die Aufnahme von Befestigungsriemen einer Zweipunktaufhängung gedacht.

Da der Köchers nicht in seiner vollen Länge erhalten ist, lässt sich nicht mehr feststellen, ob er einst einen geschlossenen oder aufklappbaren Boden hatte. Gemäß einer hypothetischen Ergänzung anhand der mehrzonigen Verzierung dürfte er ursprünglich wohl etwa 70 cm lang gewesen sein. Der aus Altdorf überlieferte Köchertyp ist ansonsten noch durch eine mittelalterliche byzantinische Buchmalerei belegt, die einen ähnlichen trapezförmigen Pfeilbehälter mit Stülpdeckel und dreizonigem Dekor zeigt. Dieser ist an einem am oberen Köcherende befestigten separaten dünnen Hüftgürtel hängend befestigt.

188 *Zum Vergleich: Die ursprünglichen Gewichte der aus südskandinavischen Opfermooren überlieferten Pfeile schwanken zwischen 26 u. 40 g.*

189 *Riesch 2002, S. 47.*

Fazit

Aufgrund fehlender bildlicher Überlieferungen lässt sich nicht mehr nachvollziehen, welche Zugweise beim Bogenschießen zur Merowingerzeit genau angewandt wurde. Allgemein war jedoch in Europa von der Antike bis ins Mittelalter und die Neuzeit hinein die Fingerzugtechnik, auch als „Mittelmeerspannung“ bekannt, üblich. Bei dieser Methode wurde das Schaftende des Pfeils horizontal zwischen Zeige- und Mittelfinger geklemmt und die Sehne mit den gekrümmten äußeren Fingergliedern von Zeige-, Mittel- und gegebenenfalls auch Ringfinger ausgezogen (**Abb. 50, 1**). Ein Rechtshandschütze legte dabei den Pfeil auf der linken Seite des Bogens an (**Abb. 47, 1**). Östliche Reitervölker bedienten sich dagegen zum Schießen ihrer kurzen Reflexbögen der Daumenzugtechnik („Mongolische Spannweise“), bei der die Sehne mit dem Daumen, meist unter Zuhilfenahme eines sogenannten „Schießrings“, gezogen wurde (**Abb. 50, 2**) und der Pfeil rechtsseitig am Bogen auflag.

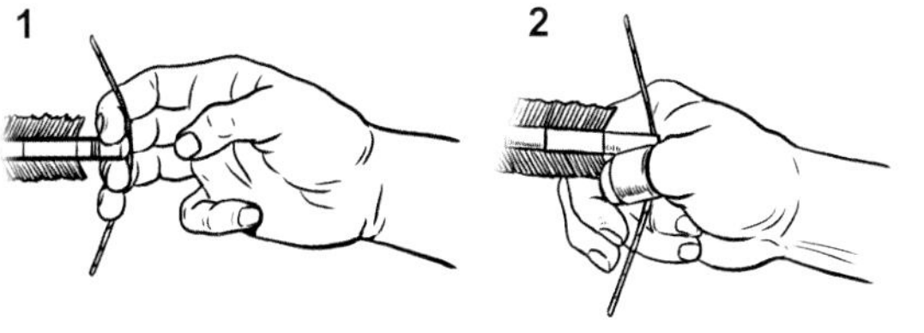

Abb. 50: **Fingerzugtechnik** (1) und **Damenzugtechnik** (2)

Da Pfeilspitzen in merowingerzeitlichen Grabinventaren in allen Qualitätsstufen vertreten sind, ist die Bogenwaffe als allgemein verbreitet zu betrachten und nicht einer bestimmten Gruppe oder sozialen Schicht von Kriegern zuzuordnen. Dennoch werden Waffengräber, die als Beigaben lediglich einen mit einer Axt oder mit einem Sax vergesellschafteten Pfeilspitzensatz enthalten, in der Forschung gern als Bestattungen von Bogenschützen interpretiert. Allerdings dürfte es sich hierbei eher um durch den Grabritus bedingte symbolische Waffenausstattungen handeln, worauf auch die zuweilen auftretende Beigabe von nicht gefechtstauglichen Miniaturversionen und Bronzeausführungen von Pfeilspitzen hinweist. Dagegen gibt es keinerlei Indizien dafür, dass im Fränkischen Heer Krieger dienten, deren Hauptwaffe der Pfeilbogen war. In Anbetracht aller bekannten archäologischen und schriftlichen Quellen hat es vielmehr den Anschein, dass der Bogen vornehmlich als Jagdwaffe diente, die zudem im Bedarfsfall bei bestimmten Kampfhandlungen, wie Hinterhalten, Überfällen, Anschlägen oder auch der statischen Verteidigung befestigter Anlagen, eingesetzt werden konnte. Ferner ist nicht auszuschließen, dass begleitende Waffenknechte im Gefecht zur Kampfunterstützung ad hoc als Bogenschützen herangezogen wurden und zu diesem Zweck von damit ausgestatteten Kriegern Pfeil und Bogen zur Verfügung gestellt bekamen (**Bd. 2 / Tafel S. 25**).

Über den Gebrauch sonstiger Distanzwaffen im Frankenreich können aufgrund der dürftigen Quellenlage kaum zuverlässige Aussagen gemacht werden. So wissen wir nicht, ob und inwieweit die im römischen Gallien zur Jagd gebräuchliche Armbrust (*arcubalista*) auch zur Merowingerzeit genutzt wurde, da sie für die Franken erst ab 840 n. Chr. durch eine Illustration in der Bibel des Haimo von Auxerre eindeutig nachweisbar ist. Dagegen gibt es Belege dafür, dass mit der Einnahme Galliens die fränkischen Eroberer zunächst in den Besitz von verbliebenen römischen Torsionsgeschützen und Belagerungsmaschinen gelangten[190]. Deren Einsatz dürfte jedoch im Wesentlichen auf das ehemals provinzialrömische Gebiet und auch auf die frühmerowingische Zeit beschränkt gewesen sein. Jedenfalls bezeugen byzantinische Quellen, dass fränkische Heere bereits Mitte des 6. Jahrhunderts über keine Erfahrung mehr im Gebrauch von derartigem Gerät verfügten.

190 Johanek 1976, S. 465.

Mit der praktischen Machtübernahme durch die fränkischen Hausmeier kam es zu Spannungen mit den alamannischen Herzögen, die bislang dem Merowingischen Königshaus treu ergeben gewesen waren. Sie fühlten sich jedoch nur als Untertanen der Monarchen, nicht aber der Hausmeier, die sie lediglich als gleichrangig betrachteten. So lehnten sich die rechtsrheinischen Fürsten unter der Führung des Alamannischen Stammesherzogs Gotfried aus dem Geschlecht der Agilolfinger gegen den Hausmeier Pippin von Herstal auf und versagten ihm den Treueid. Gotfrid verteidigte nicht nur die Autonomie seines Herzogtums gegen die fränkischen Machthaber, sondern führte auch die Erblichkeit des Herzogstitels bei den Alamannen ein. Bislang waren die Stammesherzöge immer von den austrasischen Königen eingesetzt worden. Als nach dem Tode Gotfrids seine Söhne Lantfrid und Theudebald 709 daher die Nachfolge für sich beanspruchten, unternahm Pippin eine Reihe von Strafexpeditionen gegen die abtrünnigen Alamannen. Aber erst seinem Sohn und Amtsnachfolger Karl Martell gelang 746 deren vollständige Unterwerfung und die Entmachtung der alamannischen Fürsten.

Die Szene zeigt einen ranghohen Gefolgsmann des Herzogs Gotfrid, wie er in winterlicher Landschaft seine Gemahlin zu einem Spaziergang ausführt. Im Hintergrund ist sein Dorf zu sehen, dessen Darstellung auf dem archäologischen Befund der spätmerowingischen Alamannensiedlung von Lauchheim „Mittelhofen“ basiert.

Der Rekonstruktion des Alamannenkriegers liegt wiederum das Inventar des Grabes 54 von Kirchheim am Ries aus der Zeit um 700 zu Grunde. Ausgenommen davon sind sein leinernes Untergewand und der darüber getragene Klappenrock aus Otterpelz, die aus Grab 8 von St. Ulrich und Afra überliefert sind. Der Pelzrock ist vorn mit einer schmalen Randeinfassung und an den Ärmeln mit Manschetten aus feinem sämisch gegerbtem Ziegenleder besetzt. Über etwaige Kopfbedeckungen aus der Merowingerzeit liegen keinerlei Informationen vor. Da solche jedoch sowohl für frühere als auch für spätere Epochen belegt sind, besteht die Möglichkeit, dass sie ebenfalls in dieser Zeit gelegentlich getragen wurden. Daher ist der Mann hier mit einer Pelzkappe nach Art eines *pileus pannonicus* dargestellt, einer Form, die von der Spätantike bis in das Mittelalter belegt ist (z. B. FO Herjolfsnes, Grönland, DK[191]).Seine Beinlinge werden von ledernen Knieriemen gehalten, die mit kleinen rechteckigen Bronzeschnällchen geschlossen sind und in bronzenen Riemenzungen enden. Alle Teile der Schnallengarnitur sind mit Kreisaugen verziert. Die Beschlaggarnitur des Leibgurtes besteht dagegen aus einer schlichten rechteckigen Eisenschnalle und einer unverzierten eisernen Riemenzunge.

Am Gürtel hängt der wuchtige Langsax, dessen lederne Scheide mit sieben eisernen Ziernieten beschlagen ist, die mit silbernen Perlrandscheiben unterlegt sind. Davon bilden zwei Paare jeweils den Gegenbeschlag für die beiden rückseitigen Riemenbügel, durch die die Riemen der Zweipunktaufhängung gezogen sind. Ein weiteres Paar dient der Befestigung des eisernen schmalen Ortbeschlags, der zudem mit sechs paarig angeordneten kleineren Eisennieten besetzt ist, die ebenfalls unterlegte Silberscheibchen mit Perlrand aufweisen. Ebenfalls am Saxgürtel hängen noch ein kleines Messer mit sämisch gegerbter lederner Köcherscheide (FO: Köln-St. Severin Grab P 100) und ein Lederbeutel mit Knebelverschluss. Ein Paar schmucklose Schlaufensporen aus Eisen komplettieren die Ausstattung des alamannischen Herrn.

Die ihn begleitende Dame ist in der vornehmen alamannischen Frauentracht des 7. Jahrhunderts gekleidet, die aus Untergewand, langärmeligem Kleid, Mantel, Kopfhaube und Schleier sowie Schnallenschuhen und Strümpfen mit Beinriemen besteht. Sämtliches für die Darstellung verwendete Trachtzubehör stammt dabei aus dem Frauengrab 326 des Kirchheimer Friedhofs aus der zweiten Hälfte des 7. Jahrhunderts. So wird das Kleid der Alamannin von einem für die Gebiete östlich des Rheins typischen schmalen Ledergürtel zusammengerafft, dessen Garnitur aus einer flachen ovalen Eisenschnalle und einer großen eisernen Riemenzunge besteht. An dem Gürtel ist ein mit quadratischen und kreuzförmigen Silberbeschlägen besetzter Zierriemen mit einer daran hängenden Kugelkapsel aus Silber befestigt. Um die Hüften wird noch ein weiterer Gürtel aus eisernen Stangengliedern getragen, an dem wiederum drei Gürtelgehänge angebracht sind. Es handelt sich bei diesen um ein Kettengehänge aus Bronze mit zwei eingefügten Verteilerplatten, ein Perlengehänge mit Pimpernüssen und einem Bronzeglöckchen und ein Gehänge mit Messer, zweireihigem Kamm mit Futteral, Eisenschlüssel, durchbohrter Tigermuschel, kleiner Tasche und bronzener Zierscheibe mit Beinring.

Die Ohren der Frau zieren ein Paar Bronzedrahtohrringe mit Silbermanschetten und filigranverzierten Silberblechkapseln. Um den Hals trägt sie ein Collier aus Amethyst-, Glas-, Gold- und Silberperlen, an dem auch drei Anhänger befestigt sind. Es sind dies ein Lagerstein mit Goldfassung und zwei römische Gemmen aus Sardonyx, beziehungsweise Karneol, die ebenfalls in Goldblech gefasst sind. Zur Schmuckausstattung gehören außerdem noch ein silberner Armreif mit Tierkopfenden und ein goldener Fingerring mit Amethyst. Auf dem Kopf sitzt eine goldbestickte Haube, über der ein mit zwei bronzenen Kugelkopfnadeln fixierter seidener Schleier getragen wird. Dieser ist zudem mit einer langen Bronzenadel mit Silberblechmanschetten an dem pelzgefütterten Mantel festgesteckt, der wiederum durch eine Goldscheibenfibel mit eingelegten Almandinen und Perlmuttscheibchen geschlossen ist. Die Fußbekleidung besteht aus einem Paar Schnallenschuhen mit fünf-, beziehungsweise sechsteiliger Silbergarnitur. Dagegen sind die beiden neunteiligen Strumpfbandgarnituren aus Bronze gefertigt. Allerdings sind davon jeweils nur die untersten drei Riemenzungen sichtbar.

191 Østergård 2004.

LITERATURVERZEICHNIS

Fachliteratur

Aillagon, Jean-Jacques (Hrsg.): **Rome and the Barbarians – The Birth of a New World**, Milan 2008.

Ament, Hermann: „**Hornhausen**" in: RGA Bd. 15, Berlin/New York 2000, 130.

Anke, Bodo: **Studien zur reiternomadischen Kultur des 4. bis 5. Jahrhunderts**, Weißbach 1998.

Baumeister, Martin: „**Grundsätzliche Überlegungen zur Rekonstruktion frühmittelalterlicher Schwertgehänge**" in: Berthold, Birgit (Hrsg.): Zeitenblicke - Ehrengabe für Walter Janssen, Rahden/Westf. 1998, 157-197.

Becker, Bernd: „**Eine Eichenchronologie der alamannischen Totenbäume und Grabkammerbretter von Hüfingen, Oberflacht und Zöbingen**" in: Fundberichte aus Baden-Württemberg, Bd. 1, 1974, 545-564.

Beckhoff, Klaus: „**Bogen und Pfeil – I. Bogen**" in: RGA Bd. 3, Berlin/New York 1978, 157-165.

Bemman, Güde u. Bemman, Jan: **Der Opferplatz von Nydam – Die Funde aus den älteren Grabungen: Nydam I und Nydam II**, Neumünster 1998.

Bertram, Marion: **Merowingerzeit - Die Altertümer im Museum für Vor- und Frühgeschichte Berlin**, Mainz 1995.

Böhme, Horst Wolfgang: **Germanische Grabfunde des 4. bis 5. Jahrhunderts zwischen unterer Elbe und Loire**, Studien zur Chronologie und Bevölkerungsgeschichte, Münchner Beiträge zur Vor- und Frühgeschichte Bd. 19, München 1974.

Böhner, Kurt: **Die fränkischen Altertümer des Trierer Landes**, Germanische Denkmäler der Völkerwanderungszeit - Serie B 1, Berlin 1958.

Böhner, Kurt: **Das Grab eines fränkischen Herren aus Morken im Rheinland**, Köln 1959.

Böhner, Kurt (Hrsg.): **Gallien in der Spätantike – Von Kaiser Constantin zu Frankenkönig Childerich** (Ausstellungskatalog), Mainz 1980.

Böhner, Kurt: „**Die Reliefplatten von Hornhausen**" in: Jahrb. RGZM 23/24, 1976/77, 1982, 89-138.

Böhner, Kurt: „**Niederdollendorf**" in: RGA Bd. 21, Berlin/New York 2002, 153-162.

Christlein, Rainer: „**Waffen aus dem völkerwanderungszeitlichen Grabfund von Esslingen-Rüdern**" in: Germania 50, 1972, 259-263.

Christlein, Rainer: **Die Alamannen – Archäologie eines lebendigen Volkes**, Stuttgart/Aalen 1991[3].

Dahmlos, Ulrich: „***Francisca – bipennis – securis* – Bemerkungen zu archäologischem Befund und schriftlicher Überlieferung**" in: Germania 55/1-2, 1977, 141-165.

Dahmlos, Ulrich: „**Franziska I. Schriftliche Überlieferung**" in: RGA Bd. 9, Berlin/New York 1995, 470-472.

Dannheimer, Hermann: „**Rekonstruktion der Saxscheide aus Grab 2 von St. Jakob bei Polling - Zur Trageweise des Saxes in der späten Merowingerzeit**" in: Germania 52/1, 1974, 131-140.

Dürrich, Ferdinand von u. Menzel, Wolfgang: **Die Heidengräber am Lupfen (bei Oberflacht)**, Stuttgart 1847.

Ewig, Eugen: **Die Merowinger und das Frankenreich**, Stuttgart 2012[6].

Fingerlin, Gerhard: „**Ein alamannisches Reitergrab aus Hüfingen**" in: Kossack, G. u. Ulbert, G. (Hrsg.): Studien zur vor- und frühgeschichtlichen Archäologie, Festschr. für Joachim Werner, Teil II, München 1974, 591-628.

Fingerlin, Gerhard: „**Kirchen und Kirchengräber in der frühmittelalterlichen Alamannia Südwestdeutschlands**" in: Denkmalpflege in Baden-Württemberg, Nachrichtenblatt des Landesdenkmalamtes 2/1997, 44-53.

Freeden, Uta von: „**Awarische Funde in Süddeutschland?**" in: Jahrbuch d. RGZM 38, 1991, 593-627.

Friedli, Vincent: „**Das merowingische Gräberfeld von Bassecourt, Saint-Hubert JU: Das Wiederaufleben eines Altfundes**" in: Helvetia archaeologica Bd. 33, Basel 2002, 138-143.

Fuchs, Karlheinz (Red.): **Die Alamannen** (Ausstellungskatalog), Stuttgart 1997.

Geisler, Hans: „**Das bajuwarische Gräberfeld von Straßkirchen, Lkr. Straubing-Bogen. Vorbericht über die Ausgrabungen 1988-93**" in: Schmotz, Karl (Hrsg.): Vorträge des 12. Niederbayerischen Archäologentages, Buch am Erlbach 1994, 277-293.

Geisler, Hans: **Das frühbairische Gräberfeld Straubing-Bajuwarenstraße I: Katalog der archäologischen Befunde und Funde**, Rahden/Westf. 1998.

Geuenich, Dieter: **Geschichte der Alemannen**, Stuttgart [u.a.] 1997.

Giesler-Müller, Ulrike: **Das frühmittelalterliche Gräberfeld von Basel-Kleinhüningen - Katalog und Tafeln**, Basler Beiträge zur Ur- und Frühgeschichte Bd. 11B, Derendingen-Solothurn 1992.

Gröbbels, Johann Walter: **Der Reihengräberfund von Gammertingen**, München 1905.

Grünzweig, Friedrich E.: **Das Schwert bei den Germanen – Kulturgeschichtliche Studien zu seinem Wesen vom Altertum bis ins Hochmittelalter**, Philologica Germanica Bd. 30, Wien 2009.

Hübener, Wolfgang: „**Eine Studie zu den Beilwaffen der Merowingerzeit**" in: Zeitschrift für Archäologie des Mittelalters, Jg. 1980/8, Köln/Bonn 1980, 65-129.

Hübener, Wolfgang: „**Materialien zur Geschichte des merowingerzeitlichen Saxes. Ein Beitrag zu seiner Chronologie, Produktion und Distribution**" in: Trade and Exchange in Prehistory (Festschrift), Studies in Honour of Berta Stjernquist, Lund 1988, 225-236.

Hübener, Wolfgang: „**Die Langsaxe der späten Merowingerzeit**" in: Acta Praehistorica et Archaeologica, Bd. 21, Berlin 1989, 75-84.

Hübener, Wolfgang: „**Franziska II. Archäologisches**" in: RGA Bd. 9, Berlin/New York 1995, 472-476.

Jankuhn, Herbert: „**Ango § 2. Archäologisches**" in: RGA Bd. 1, Berlin/New York 1973, 331-332.

Johanek, Peter: „**Bewaffnung § 23: B. der Merowingerzeit nach den schriftlichen Quellen**" in: RGA Bd. 2, Berlin/New York 1976, 462-466.

Junkelmann, Marcus: **Die Reiter Roms – Teil 3: Zubehör, Reitweise, Bewaffnung**, Mainz 1996[2].

Junkmanns, Jürgen: **Pfeil und Bogen – Von der Altsteinzeit bis zum Mittelalter**, Ludwigshafen 2013.

Keim, Stephanie: **Kontakte zwischen dem alamannisch-bajuwarischen Raum und dem langobardenzeitlichen Italien**, Rahden/Westf. 2007.

Keßler, Peter Thaddäus: **Merowingisches Fürstengrab von Planig in Rheinhessen**, Sonderdruck aus d. Mainzer Zeitschrift Jg. 35, 1940.

Kiss, Attila P.: **„Huns, Germans, Byzantines? The origins of the narrow bladed long seaxes“** in: Acta Archaeologica Carpathica 49, Krakau 2014, 131-164.

Koch, Ursula: **Das Reihengräberfeld bei Schretzheim**, Teil 1-2, Berlin 1977.

Koch, Ursula: **Die fränkischen Gräberfelder von Bargen und Berghausen in Nordbaden**, Forschungen und Berichte zur Vor- und Frühgeschichte in Baden-Württemberg 12, Stuttgart 1982.

Koch, Ursula: **„Der Ritt in die Ferne – Erfolgreiche Kriegszüge im Langobardenreich“** in: Fuchs, Karlheinz (Red.): Die Alamannen (Ausstellungskatalog), Stuttgart 1997, 403-415.

Koch, Robert: **Bodenfunde der Völkerwanderungszeit aus dem Main-Tauber-Gebiet**, Germanische Denkmäler der Völkerwanderungszeit Serie A. 8, Berlin 1967.

Krohn, Niklot: “ ... **weil sie nicht den Merowingerkönigen dienen konnten, wie sie es bisher gewohnt waren ... Bestattungsformen bei Alamannen und Baiuwaren im 8. Jahrhundert zwischen Prunk und Politik**“ in: Zwischen Prunk und Politik - Fürstliche Gräber der Merowingerzeit in Sondershausen und Süddeutschland, SB.P. Beiheft 2/2013, Sondershausen 2013, 63-88.

Lebedynsky, Iaroslav: **Armes et guerriers barbares au temps des grandes invasions (IVe au VIe siècle apr. J. C.)**, Paris 2001.

Lehmann, Ulrich u. Müsch, Eugen: **„Spatha oder Sax? CT-Untersuchung eines Schwertes aus Haltern-Flaesheim“** in: Archäologie in Westfalen-Lippe 2010, 118-121.

Lejoux [Legoux], René: **„The Parade Spear of Cutry, France”** in: Rome and the Barbarians – The Birth of a New World, Milan 2008, 446-447.

Lüppes, Lars H.: **“Gedanken zur spätmerowingerzeitlichen Spathaaufhängung – Eine zu belegende und tragbare Rekonstruktion“** in: Archäologisches Korrespondenzblatt 40, Mainz 2010, 557-572.

Marti, Reto: **„Das Grab eines wohlhabenden Alamannen in Altdorf UR, Pfarrkirche St. Martin“** in: Jahrbuch der Schweizerischen Gesellschaft für Ur- und Frühgeschichte 78, 1995, 83-130.

Melzer, Walter: **Das frühmittelalterliche Gräberfeld von Wünnenberg-Fürstenberg, Kreis Paderborn**, Bodenaltertümer Westfalens Bd. 25, Münster 1991.

Menghin, Wilfried: **Das Schwert im frühen Mittelalter. Chronologisch-typologische Untersuchungen zu Langschwertern aus germanischen Gräbern des 5. bis 7. Jahrhunderts n. Chr.** (Wissenschaftliche Beibände zum Anzeiger des Germanischen Nationalmuseums 1), Stuttgart 1983.

Menghin, Wilfried (Hrsg.): **Saalführer Eisenzeit** (Museum für Vor- und Frühgeschichte Berlin), Berlin 1998.

Menghin, Wilfried (Hrsg.) u. Bertram, Marion (Red.): **Merowingerzeit – Europa ohne Grenzen. Archäologie und Geschichte des 5. bis 8. Jahrhunderts** (Kataloghandbuch zur Ausstellung im Puschkin Museum in Moskau), Wolfratshausen 2007.

Moosbrugger, Rudolf: **„Der verzierte Sax aus Grab 48 von Lausanne-Bel Air“** in: Jahrbuch der Schweizerischen Gesellschaft für Urgeschichte 52/1965, 1966, 112-117.

Moosbrugger-Leu, Rudolf: **Die Schweiz zur Merowingerzeit – Die archäologische Hinterlassenschaft der Romanen, Burgunder und Alamannen**, Handbuch der Schweiz zur Römer- und Merowingerzeit, Bern 1971.

Müssemeier, Ulrike u. a.: **Chronologie der merowingerzeitlichen Grabfunde vom linken Niederrhein bis zur nördlichen Eifel**, Materialien zur Bodendenkmalpflege im Rheinland 15, Köln 2003.

Neuffer, Eduard M.: **Der Reihengräberfriedhof von Donzdorf (Kreis Göppingen)**, Stuttgart 1972.

Neuffer-Müller, Christiane: **Der alamannische Adelsbestattungsplatz und die Reihengräberfriedhöfe von Kirchheim am Ries (Ostalbkreis)**, Stuttgart 1983.

Nieveler, Elke: **Die merowingerzeitliche Besiedlung des Erftkreises und des Kreises Euskirchen**, Mainz 2003.

Østergård, Else: **Woven Into the Earth – Textiles from Norse Greenland**, Aarhus 2004.

Panella, Clementina: **„Imperial Insignia from the Palatine Hill”** in: Rome and the Barbarians – The Birth of a New World, Milan 2008, 86-91.

Paret, Oscar: **Die frühschwäbischen Gräberfelder von Groß-Stuttgart und ihre Zeit**, Stuttgart 1937.

Pauli Jensen, Xenia: **“North Germanic archery – The practical approach – results and perspectives”**, in: Xantener Berichte 16, 2009, 369-374.

Pauli Jensen, Xenia u. Nørbach, Lars Christian: **Illerup Ådal 13 - Die Bögen, Pfeile und Äxte**, Jutland Archaeological Society Publications, Aarhus 2009.

Paulsen, Peter: **Alamannische Adelsgräber von Niederstotzingen (Kreis Heidenheim)**, Veröffentlichungen des staatlichen Amtes für Denkmalpflege Stuttgart, Bde. 12/I und 12/II, Stuttgart 1967.

Paulsen, Peter: **Die Holzfunde aus dem Gräberfeld bei Oberflacht und ihre kulturhistorische Bedeutung**, Forschungen und Berichte zur Vor- und Frühgeschichte in Baden-Württemberg 42/2, Stuttgart 1992.

Pirling, Renate u. Siepen, Margareta: **Das römisch-fränkische Gräberfeld von Krefeld-Gellep**, Stuttgart 1979.

Pohl, Walter: **„Telling the Difference: Signs of Ethnic Identity”** in: Pohl, Walter u. Reimitz, Helmut (Hrsg.): Strategies of distinction - The construction of ethnic communities 300-800, The Transformation of the Roman World 2, Leiden 1998, 17-69.

Quast, Dieter: **„Spätantike Lanzenspitzen mit Tauschierungen“** in Honoratissimum assensus genus est armis laudare, Krakow 2014, 237-246.

Quast, Dieter (Hrsg.): **Das Grab des fränkischen Königs Childerich in Tournai und die *Anastasis Childerici* von Jean-Jacques Chifflet aus dem Jahre 1655**, Monographien des RGZM Band 129 (Sonderdruck), Mainz 2015.

Raddatz, Klaus: **„Bogen und Pfeil – II. Pfeil“** in: RGA Bd. 3, Berlin/New York 1978, 165-171.

Reiß, Robert: **Der merowingerzeitliche Reihengräberfriedhof von Westheim (Kreis Weißenburg-Gunzenhausen) – Forschungen zur frühmittelalterlichen Landesgeschichte im südwestlichen Mittelfranken**, Wissenschaftliche Beibände zum Anzeiger des Germanischen Nationalmuseums 10, Nürnberg 1994.

Riesch, Holger: **Pfeil und Bogen zur Merowingerzeit – Eine Quellenkunde und Rekonstruktion des frühmittelalterlichen Bogenschießens**, Wald-Michelbach 2002.

Rieth, Adolf: „**Das alemannische Fürstengrab von Gammertingen**" in: Germanenerbe 2, 1937, 39-46.

Roth, Helmut u. Theune, Claudia: **Das frühmittelalterliche Gräberfeld bei Weingarten (Kr. Ravensburg)**, Teil 1: Katalog der Grabinventare, Stuttgart 1995.

Schach-Dörges, Helga: „**Oberflacht**" in: RGA Bd. 21, Berlin/New York 2002, 476-479.

Schiek, Siegwalt: **Das Gräberfeld der Merowingerzeit bei Oberflacht (Gemeinde Seitingen-Oberflacht, Kreis Tuttlingen)**, Forschungen und Berichte zur Vor- und Frühgeschichte in Baden-Württemberg 42/1, Stuttgart 1992.

Schmidt, Berthold: **Die späte Völkerwanderungszeit in Mitteldeutschland**, Halle (Saale) 1961 u. Berlin 1970 (Katalog/Südteil).

Schmitt, Georg: **Die Alamannen im Zollernalbkreis**, Dissertation, Johannes-Gutenberg-Universität Mainz, 2005.

Schnurbein, Siegmar von: „**Zum Ango**" in: Kossack, Georg u. Ulbert, Günter (Hrsg.): Studien zur Vor- und Frühgeschichtlichen Archäologie - Festschrift für Joachim Werner zum 65. Geburtstag, Teil 2: Frühmittelalter, München 1974, 411–434.

Schulze-Dörrlamm, Mechthild: „**Awarische Einflüsse auf die Bewaffnung und Kampftechnik des ostfränkischen Heeres?**" in: Mode, M. u. Tubach, J. (Hrsg.): Arms and Armour as Indicators of Cultural Transfer, Wiesbaden 2006, 485-508.

Schwarz, Ralf: „**Des Kriegers letzter Ritt nach Walhall – Der Reiterstein von Hornhausen**" in: Meller, Harald (Hrsg.): Schönheit Macht und Tod: 120 Funde aus 120 Jahren Landesmuseum für Vorgeschichte Halle, Halle (Saale) 2001, 58-59.

Siegmund, Frank: „**Kleidung und Bewaffnung der Männer im östlichen Frankenreich**" in: Wieczorek, Alfried u. a. (Hrsg.): Die Franken - Wegbereiter Europas – 5. bis 8. Jahrhundert n. Chr. (Katalog/Handbuch), Mainz 1997[2], 691-706.

Siegmund, Frank: **Merowingerzeit am Niederrhein. Die frühmittelalterlichen Funde aus dem Regierungsbezirk Düsseldorf und dem Kreis Heinsberg**, Rheinische Ausgrabungen 34, Köln 1998.

Stein, Frauke: **Adelsgräber des achten Jahrhunderts in Deutschland**, Berlin 1967.

Steuer, Heiko: „**Flügellanze**" in: RGA Bd. 9, Berlin/New York 1995, 251-254.

Steuer, Heiko: „**Krieger und Bauern – Bauernkrieger: Die gesellschaftliche Ordnung der Alamannen**" in: Fuchs, Karlheinz (Red.): Die Alamannen (Ausstellungskatalog), Stuttgart 1997, 275-289.

Steuer, Heiko: „**Köcher §2. Archäologisches**" in: RGA Bd. 17, Berlin/New York 2001, 77-84.

Stiegemann, Christoph u. Wemhoff, Matthias: **Kunst und Kultur der Karolingerzeit – Karl der Große und Papst Leo III. in Paderborn**, 3 Bde., Mainz 1999.

Stoll, Hermann: „**Zur Trageweise des fränkischen Saxes**" in: Bonner Jahrbücher 145, 1940, 153-155

Strassmeir, Andreas: **Das Fränkische Heer der Merowingerzeit – Franken, Alamannen, Burgunden, Thüringer und Bajuwaren 5.-8. Jahrhundert n. Chr.**, Teil 1: Bekleidung, Trachtzubehör, persönliche Ausrüstung, Rüstung; Heere und Waffen 19, Berlin 2014.

Strassmeir, Andreas: **Das Fränkische Heer der Merowingerzeit – Franken, Alamannen, Burgunden, Thüringer und Bajuwaren 5.-8. Jahrhundert n. Chr.**, Teil 2: Schild und Schwert; Heere und Waffen 20, Berlin 2014.

Szameit, Erik u. Stadler, Peter: „**Das frühmittelalterliche Grab von Grabelsdorf bei St. Kanzian am Klopeinersee, Kärnten – Ein Beitrag zur Datierung und Deutung awarischer Bronzen im Ostalpenraum**" in: Archaeologica Austriaca 77, 1993, 213-242.

Theune-Großkopf, Barbara: **Mit Leier und Schwert – Das frühmittelalterliche "Sängergrab" von Trossingen**, Friedberg 2010.

Tomuschat, Maria: "**Der Langsax mit Prunkscheide aus Grab 38 vom Frauenberg bei Sondershausen**" in: Zwischen Prunk und Politik - Fürstliche Gräber der Merowingerzeit in Sondershausen und Süddeutschland, SB.P. Beiheft 2/2013, Sondershausen 2013, 89-102.

Vogelsang, Kathrin: „**Rekonstruierte Bögen und Pfeile aus dem alamannischen Gräberfeld von Seitingen-Oberflacht, Lkr. Tuttlingen, Baden-Württemberg, im Germanischen Nationalmuseum**" in: KulturGut - aus der Forschung des Germanischen Nationalmuseum, Heft 28, I/2011, 6-9.

Wagner, Annette u. Ypey, Jaap: **Das Gräberfeld auf dem Donderberg bei Rhenen**, Katalog, Leiden 2011.

Weidemann, Margarete: **Kulturgeschichte der Merowingerzeit nach den Werken Gregors von Tours**, RGZM Monographien 3, Mainz 1982.

Wenskus ,Reinhard u. Böhner, Kurt: „**Childerich von Tournai**" in: RGA Bd. 4, Berlin/New York 1981, 440–460.

Wernard, Jo: „**Hic scramasaxi loquuntur – Typologisch-chronologische Studie zum einschneidigen Schwert der Merowingerzeit in Süddeutschland**" in: Germania 76, 1998, 747-787.

Werner, Joachim: **Das alamannische Gräberfeld von Bülach**, Basel 1953.

Werner, Joachim: „**Bewaffnung und Waffenbeigabe in der Merowingerzeit**" in: Petri, Franz (Hrsg.): Siedlung, Sprache und Bevölkerungsstrukturen im Frankenreich, Darmstadt 1973, 326-338.

Werner, Joachim: **Die Ausgrabungen in St. Ulrich u. Afra in Augsburg 1961-1968,** Münchner Beiträge zur Vor- u. Frühgeschichte 23, München 1977.

Westphal, Herbert: **Franken oder Sachsen? Untersuchungen an frühmittelalterlichen Waffen**, Studien zur Sachsenforschung 14, Oldenburg 2002.

Westphal, Herbert: „**Sax § 2. Archäologisches**" in: RGA Bd. 26, Berlin/New York 2004, 540-546.

Wieczorek, Alfried u. a. (Hrsg.): **Die Franken – Wegbereiter Europas – 5. bis 8. Jahrhundert n. Chr.** (Katalog/Handbuch), Mainz 1997[2].

Wilson, David M.: „**A Frankish axe-head from Germany**" in: The British Museum Quarterly 1. 28, 1964, 30-32.

Historische Quellen

Agathias von Myrina: **Historien** (Agathias: Hist.)

Ammianus Marcellinus: **Res gestae** (Ammianus)

Flavius Josephus : **De bello Judaico** (Josephus: Bell. Jud.)

Gregor von Tours: **Decem libri historiarum** [Historia Francorum] (Tours: HF)

Gregor von Tours: **Liber in gloria martyrum** (Tours: GM)

Gregor von Tours: **Liber de passione et virtutibus sancti Iuliani martyris** (Tours: VJ)

Hydatius: **Chronica**

Isidor von Sevilla: **Etymologarum sive originum libri XX** [Etymologiae]

Mustafa Kani: **Telhis resail er-rümat**

Paulus Diaconus: **Historia Langobardorum**

Prokopios von Caesarea: **Historien** (Prokop: Hist.)

Sidonius Appollinaris: **Epistulae** (Sidonius: Ep.)

Chronica Caesaraugustana

Chronicae des sogenannten Fredegar (Fredegar-Chronik)

Liber Historiae Francorum (LHF)

Bildquellen

Bamberger Apokalypse

Bibel Karls des Kahlen.

Goldener Psalter von St. Gallen

Salzburger Kalendarium

Stuttgarter Psalter

Teppich von Bayeux

Trierer Apokalypse

Textzeichnungen

Abbildungen 1, 2, 3, 4, 6, 7, 8, 10, 11, 13, 14, 24, 25, 32, 34, 45 und 48, sowie die Umzeichnungen auf den Seiten 2 und 22: Andreas Gagelmann;

Abbildungen 5, 9, 12, 15, 16, 17, 18, 19, 20, 21, 22, 23, 26, 27, 28, 29, 30, 31, 33, 34, 35, 36, 37, 38, 39, 40, 41, 42, 43, 44, 46, 47, 49 und 50: Sascha Lunyakov.

HEERE & WAFFEN

Andreas Strassmeir (Text)
Andreas Gagelmann & Sascha Lunyakov (Illustrationen)

Das fränkische Heer der Merowingerzeit

Franken, Alamannen, Burgunden, Thüringer und Bajuwaren,
5.-8. Jahrhundert n. Chr.

Teil 1: Bekleidung, Trachtzubehör, persönliche Ausrüstung, Rüstung
Durchgehend illustriert, 17 ganzseitige farbige Bildtafeln, eine Karte
64 Seiten. Paperback

Teil 2: Schild und Schwert
Durchgehend illustriert, 18 ganzseitige farbige Bildtafeln, eine Karte
64 Seiten. Paperback

Teil 3: Beilwaffen, Sax, Stangen- und Bogenwaffen
Durchgehend illustriert, 15 ganzseitige farbige Bildtafeln
80 Seiten. Paperback

Teil 4: Feldzeichen, Reitausrüstung, Jagd, Organisation und Taktik
Durchgehend illustriert, viele ganzseitige farbige Bildtafeln
ca. 80 Seiten. Paperback. In Vorbereitung.

Alle derzeit lieferbaren Hefte aus der Reihe Heere & Waffen:

Heft 1 ~ Die Templer
Heft 2 ~ Hannibals Armee
Heft 3 ~ Die spanischen Guerillas
Heft 4 ~ Die US-Kavallerie, 1865-1890
Heft 5 ~ Die Langen Kerls
Heft 6 ~ Der Deutschorden
Heft 7 ~ Tannenberg 1410
Heft 8 ~ Die Armeen des Alten Orient
Heft 9 ~ Die Samurai der Sengoku-Zeit (Teil 1)
Heft 10 ~ Die Samurai der Sengoku-Zeit (Teil 2)
Heft 11 ~ Das Heer des Arminius
Heft 12 ~ Die Fahnen von Waterloo
Heft 13 ~ Die Sächsische Armee 1810-1813
Heft 14 ~ Das Heer des Varus (Teil 1)
Heft 17 ~ Das Heer des Varus (Teil 2)
Heft 15 ~ Die Bayerische Armee 1806-1813
Heft 16 ~ Der Tolle Halberstädter
Heft 18 ~ Die etatmäßigen Dienstgrade und Dienststellungen in der französischen Armee 1804-1815
Heft 19 ~ Das fränkische Heer der Merowingerzeit (Teil 1)
Heft 20 ~ Das fränkische Heer der Merowingerzeit (Teil 2)
Heft 22 ~ Das fränkische Heer der Merowingerzeit (Teil 3)
Heft 28 ~ Das fränkische Heer der Merowingerzeit (Teil 4)
Heft 21 ~ Die Armee Augusts des Starken im Nordischen Krieg
Heft 23 ~ Feldmarschall Pappenheim
Heft 24 ~ Die Streitkräfte Schleswig-Holsteins während der Erhebung 1848-1850
Heft 25 ~ Die Heere der Hussiten (Teil 1)
Heft 26 ~ Die Heere der Hussiten (Teil 2)
Heft 27 ~ Der preußische Infanterist im badischen Feldzuge 1849
Heft 29 ~ Der Deutsche Orden im 13-jährigen Krieg
Heft 30 ~ Die Burgunderkriege
Heft 31 ~ Die Heere des Schmalkaldischen Krieges
Heft 32 ~ Die Ennetbirgischen Feldzüge
Heft 33 ~ Böckler- und Löwlerkrieg
Heft 34 ~ Das Heer des Maximinus Thrax
Heft 35 ~ Der Venezianerkrieg
Heft 36 ~ Piraten in der Karibik
Heft 37 ~ Der Landshuter Erbfolgekrieg

Die Hefte erhalten Sie bei BERLINER ZINNFIGUREN, Knesebeckstr. 88, 10623 Berlin ~ www.zinnfigur.com
oder im gut sortierten Buchhandel.